谨以此书，献给阿尔伯特·卡恩先生，

以及他毕生追寻的和平主义理想。

献给我的母亲

阿尔伯特·卡恩的理想国

黑白时代的彩色世界史

[英] 大卫·奥库夫纳（David Okuefuna） 编著
杨凌峰 译

The Wonderful World of Albert Kahn

Colour Photographs from A Lost Age

金城出版社
GOLD WALL PRESS
中国·北京

目 录
Contents

10c

译者序
旧世界的新色彩

彩色摄影技术问世之前，直观再现旧世界色彩的唯一媒介便只有绘画。

彩色摄影时代的帷幕在 1907 年甫一拉开，犹太裔法国银行家阿尔伯特·卡恩（1860—1940）便启动了他那堂·吉诃德式的壮举：创建一个名为“星球档案”的影像资料库，试图用照片为地球上的人类生活留下一份真实具象的彩色记录。而这一雄心勃勃的努力背后，寄寓着一个更为雄心勃勃的、乌托邦式的愿望——通过他资助的环球旅行者所带回的影像作品，来增进各个国家与不同文明之间的相互理解；用彩色照片这一社会教化工具，来推广传播国际主义与和平主义理念，以此预防和阻止各民族间的冲突纷争。

卡恩的设想固然美好，但遗憾的是，正如我们已经知道的，他的愿望不出所料地落空了：从童年直至离世，他一生都伴随着战争的阴影，尤其是他生命的后半程，也即 20 世纪上半叶，“一战”“二战”都是人类恐怖编年史上极其惨烈的篇章。

无论如何，卡恩的付出是有意义的。虽然他的个人理想被现实无情地碾碎，但他的“星球档案”影像资料库却为后人留下了一份难能可贵的遗产，让我们看到那个“黑白”旧世界的新色彩。

一百年前的地球人类生活形态，与一千年前的相比，或许并无质的改变，依旧是“车马很慢，书信很远……”；那时的爱尔兰、斯堪的纳维亚半岛仍然在承受着社会创痛与经济窘困的双重煎熬。

◀ 1912 年，巴黎鲜花小贩的推车；此为卡恩早年摄制彩色照片的一个试验之作。

但如今，爱尔兰人早已不再是穷得只剩下“奶和屁股”，而北欧瑞典丹麦的民众们则享受着这个星球上水准极高的生活，连“脏得令人厌恶”的远东中国也在物质意义上庶几完成了现代化。所以，眼下这个以高速运输与实时通讯为显著特征的商品化消费时代，与一百年前相比，早已是天壤之别。

而 20 世纪初环球旅行之艰辛及费用之高，也与今日芸芸众生“看世界”的休闲海外游是完全迥异的概念。

我们因此要更加感激卡恩那不可救药的“天真”。正是由于他的孤注一掷与狂热，那个如今看来已经感觉无限遥远、模糊和陌生的旧世界，才得以系统地展露她当初的真彩形貌。

卡恩离群索居，不婚不娶，倾尽个人财产，只是为了给各国的年轻学者提供经费，资助他们去海外旅行，增广见闻，更好地体验和认识各地文化的差异性、多样性。他聘任专业摄影师远赴亚非欧美几大洲的每个角落去采访拍摄，所诉求的，依旧是对不同人类群体各自生存方式的理解与尊重。卡恩如此慷慨解囊，将这一义举延续长达二十多年，并且在金融危机导致其财富严重缩水乃至破产之后，仍苦苦坚持，而支撑他的动机或信念始终是那样单纯、朴素——用宽容去化解民族种群之间的对立分歧，用善意去消弭文化体系之间的嫌隙龃龉。

这是一位顽固偏执得令人肃然起敬的理想主义者，因其理想的“幼稚”而越发可敬。卡恩在他的时代积聚起不可思议的资本，然后又以不可思议的方式散尽千金，写就了独特的人生传奇篇章。

如果说，人活着就是个体生命与身外世界建立关联的一个持续过程，那么，通过对 20 世纪初叶全球各地人类存在图景（包括人文环境、民俗风情、日常经验、苦难与战争）的彩色化呈现，卡恩无疑是与当年人力物力条件下所能及的一个最广泛的世界建立起了一份令人感慨玩味的深刻关系。

安德鲁·卡内基曾有言：“人在巨富中死去，是一种耻辱。”这位美国钢铁大王、“公益之父”也践行了自己这 掷地有声的高格调宣言——临终前将全部家当捐出。而晚于卡内基二十一年死去的阿尔伯特·卡恩，则在辞世之际的十年前便提早摆脱了这一耻辱。

英国著名脑神经学家、作家奥利佛·萨克斯（Oliver Sacks，1933—2015）被《纽约时报》誉为“医学桂冠诗人”。在一篇名为《我的一生》的短文中，他曾颇为感伤地写道：“过去的十年间，我的同龄人陆续离世。我这一代人正在消失。每当他们有人走了，我就会有一种自己的一部分被撕裂的感觉。当我们走了，没有人会再像我们这样。”这个世界上也永远不会有人能像其他人一样。当人们死了，他们无法被取代。他们留下了不能被弥补的缺口，因为这是命运——遗传和神经的命运——每个人都是独特的个体，找自己的路，过自己的日子，最后结束自己的一生。

一百年前，当卡恩审视“星球档案”中他的同代人影像时，心中泛起的，大概也是与萨克斯同样的悲悯情怀。

能够去感知、关爱、珍视和怜悯，便是人道。虽然，这人道的荆棘之路常常沦于迷乱与荒芜。

即使在西方世界，知道卡恩的人也并不多，更不必说是在东方。卡恩曾于 1909 年 1 月来过中国，但只是短暂逗留。好在几年后，他派往亚洲的摄影师为我们留下了聚焦于这一区域的珍贵彩色影像，而且数量品质都相当可观，其中当然包括了中国。

现在，让我们来欢迎卡恩重返中国——以一本图册的形式。

译者
2015 年 11 月

序

彩色影像改变了我们观看世界的方式。当我们从太空中，确切地说，是从月球上，看到自己居住的这颗蓝色星球，一个决定性的时刻便到来了。而这一美妙壮观的影像如今所代表的，就是我们共同承担的全球性命运。

但我们的世界以彩色图像展现出来，却是在一段时间以前。20 世纪初，地球看来依旧那般广袤，还未被人们充分地探索，地图上也未有详尽的标注。就在此际，法国银行家阿尔伯特·卡恩派出他的摄影师团队，奔赴全球的每一个角落。他们带回的是关于人类生存的独特见证，而这些成果呈现为彩色照片和摄影胶片。它们并非新闻报道作品或民族志专题，也不是艺术创作的一种尝试。这些影像背后的追求，只不过是去记录多种多样的人生存在形态；人们过着他们卑微但值得尊敬的生活。卡恩希望，从这份尊重开始，可以生发出他所期冀的天下大同、世界和平。他是一位和平主义者，但他有生之年所处的时代却难以令人开怀，因为其间发生过三次战争，而他的祖国每次都卷入战事。不过，卡恩依旧保持着对人类与人性的信心，坚守自己的使命，力争彻底地实现他的追求。

BBC（英国广播公司）与阿尔伯特·卡恩博物馆联手合作，将这一曲对生命与人性的颂歌传播给更广泛的公众群。双方经验与专业技术的交流结出了丰硕的成果，体现为一系列的电视纪录片、一本专题著作与相关的 DVD（数字通用光盘）影像专辑，而这些都反映了我们共同的愿望和目标。这些成果也代表了法国上塞纳省文化部门过去五十年来的努力：他们是卡恩影像收藏的所有者，并致力于维持和提升人们对于这笔独特遗产的认知理解。如今，得益于 BBC 团队、大卫·奥库夫纳、BBC 图书部与卡恩博物馆员工的通力协作和集体才华，这份有关往日世界的具象回忆，已经恢复和呈现出最丰满的华彩，以数种语言和形式向公众展示，让每个人都有机会一览其荣光。

阿尔伯特·卡恩的作品引起 BBC 的兴趣，是很容易理解的，因为这些照片面对的是每一个人，无论这些人自身属于哪种文化或哪个时代。1922 年，卡恩的影响力与作品的声誉正达至顶峰；这一年也是 BBC 成立的时间，而 BBC 的志愿就是推动国家与民族间的和平对话。这是一项重大的使命，发起和执行使命的这个公众机构，建基于当年最先进的科技手段；卡恩创想并实施的摄影项目，也是利用了最新的科技成果；对 BBC 的这个使命，他想必也会全力支持。现在，当人们的心灵相遇沟通，当技术的交流共享成为现实，我们自己时代的高科技所为之服务的，是一种普世通行的人道主义，而这一人性的火炬，已经被传递至整个地球。

吉勒斯·博—贝蒂埃（Gilles Baud-Berhier）

法国　阿尔伯特·卡恩博物馆馆长

引 言

在视觉文化的历史上，1907 年的夏天留给人们的记忆通常只是围绕着巴勃罗·毕加索（Pablo Picasso）：那一年，毕加索的《亚维侬的少女》揭幕。这是 20 世纪最重要的画作之一。这幅人物肖像作品动态感强烈，极富戏剧性；画面中，身处妓院的五位妓女嬉戏笑闹。此作向艺术天地引入了一种纯然现代主义的世界图景与观看模式，更为其作者赢得了近乎普遍一致的指责，也在同等程度上扩展了毕加索的知名度——尽管是倾向于恶名。

确切地说，就是在同样的时段，同一处地方，另外一场革命也正在展开。1907 年 6 月 10 日，在巴黎《插画》（*L' Illustration*）周报的办公室，发明家奥古斯特（Auguste）与路易·卢米埃尔（Louis Lumière）两兄弟第一次向公众展示了被他们称为“玻璃干板彩色正片”（autochrome）的摄影成像工艺。这一技术是基于一种主要由土豆淀粉制成的微粒体复合物，利用常规的玻璃板成像相机，便可以最终拍出色彩真实的照片。

人们为玻璃干板彩色正片感到兴奋狂喜。目睹那些彩色图像所呈现的天国般的精妙美感，观众们都被深深吸引。一如毕加索画中那些嬉笑跳闹的妓女，卢米埃尔兄弟的发明，这种使用便利的彩色摄影技术，将被证明是现代视觉文化史上的一项重大进展。他们所利用的并非什么稀奇东西，而只不过是极为平常的“地下苹果”（即土豆），但兄弟俩所开创的，却是摄影这一影像媒介问世后的一个新纪元：彩色照片的时代。正如杰出的美国摄影师阿尔弗雷德·斯蒂格里兹（Alfred Stieglitz）所预言的：

▲ 路易·卢米埃尔，与其兄弟共同发明了玻璃干板彩色正片工艺。1930 年 6 月 17 日，摄于法国北部港口布洛涅市。编号 A63087（乔治·谢瓦利埃 /Georges Chevalier 摄）

◀ 阿尔伯特·卡恩通常都不喜留影。此为难得的一次例外，他在镜头前配合地摆出了姿势拍照。摄于 1914 年，地点为其位于巴黎黎塞留街办公室的室外。编号 I135X（乔治·谢瓦利埃摄）

“这一新工艺蕴含着无限的可能性。整个世界很快将疯狂地沉迷于彩色。对此番狂热风潮，卢米埃尔兄弟责无旁贷。”

斯蒂格里兹并非意识到玻璃干板彩色正片那令人兴奋的美好前景的唯一一人。银行家与慈善家阿尔伯特·卡恩本人会近乎病态地躲避相机镜头——碰巧的是，他与法国摄影史上的另一位巨匠级人物亨利·卡蒂埃—布勒松（Henri Cartier-Bressom）都具有这一鲜明的个性特点。但显而易见的是，卡

▲ 此处所见建筑为 1929 年 5 月 20 日的状态。这栋住宅位于巴黎外围布洛涅–比扬古镇区的港口街上；1893 年，卡恩曾租住在此。两年后，他买下此楼及周围的一片地产。编号 B1734（奥古斯特・莱昂 /Auguste Léon 摄）

恩对摄影这一媒介非常感兴趣，卢米埃尔兄弟那独创一格的技术突破更让他沉迷不已。随着彩色照片的诞生，卡恩意识到，摄影正踏进了一道门槛，而门槛后是一个充满创造可能性的新世界。而且，他将玻璃干板彩色正片视为一种工具手段，可助他实现一个珍藏已久的政治意义上的个人抱负。

卡恩是个狂热的国际主义者与和平主义者，渴望找到预防和阻止各民族间冲突纷争的途径。很多年来，他每周都在位于巴黎外围近郊布洛涅—比扬古的优美居所中举办一次聚会，邀约欧洲政界、商界、文化界与学术界的杰出精英人士共聚一处，商讨天下大事。他逐渐开始信服，见识与外部世界相关资讯的传播至关重要；更具体地说，他相信，如果对我们这个世界上多元的文化现实能有更多的欣赏之情，那就代表着一种最美好的希望，一种避免面对战争恐怖的希望。

看起来，卡恩的和平主义冲动无疑是发源于他童年时代那具有决定性的亲身经验。阿尔伯特・卡恩（当时家人称其为亚伯拉罕・卡恩）生于 1860 年，在法国东部阿尔萨斯省的玛尔莫蒂埃（Marmoutier）小城长大。卡恩的父亲是犹太人，一位活牲畜交易商，他给了小卡恩舒适无忧（尽管远远谈不上优越）的成长环境。卡恩少年时代早期的岁月，基本上可谓是风平浪静、安逸满足。但及至 1870 年，一切都改变了。普鲁士亲王，霍亨索伦家族的利奥波德（Leopold of Hohenzollern），成为西班牙王国国王的候选人，引发了外交上的言辞争端，法国于当年 7 月 19 日向普鲁士宣战。不过，法国的军事行动明显考虑欠周：他们只设法调集征用了 20 万的士兵，仅有普鲁士可用兵力资源的一半。到了 9 月，法国人已被击溃，法兰西的统治者，皇帝拿破仑三世，落入普鲁士军队手中，被强制羁押。卡恩所热爱的法兰西失去尊严，听任专横傲慢的普鲁士首相奥托・冯・俾斯麦的发落。1871 年 5 月，法国人放弃了军事抵抗。普鲁士王国那时已经成为日耳曼帝国体系中掌握支配权的政治力量，并将阿尔萨斯省以及相邻的洛林地区都吞并归入自家的版图。一夜之间，与成千上万的同胞一起，卡恩这个 11 岁的学童也变身为德意志皇帝治下讲法语的新臣民。

卡恩出生的这片土地被胜利者强行兼并，这一惨痛的变故曾给他的性情、气质和政治信念带来何种影响，我们只能去猜测了。不过，可以明确的是，

▲ 年轻时代的卡恩坐在帆船索具网格间，其表兄利奥波德（Leopold）则站在一旁望向镜头。卡恩喜欢海洋，买的三处房产都能俯瞰大海。（照片由乔吉特·卡恩 /Georgette 收藏）

► 卡恩一生的朋友，杰出的哲学家亨利·柏格森（1859—1941）；摄于 1917 年 6 月 27 日。编号 A10589（奥古斯特·莱昂摄）

在那之后的五年时间内，卡恩已经下定决心，要在这个沦为德属领土的“新”故乡之外的地方，来为自己创造未来的生活。

16 岁时，卡恩来到巴黎，最终在家族亲友爱德华·古德尚（Edouvard Goudchaux）所开的一间银行里找到了工作，从学徒做起。卡恩表面上显得羞涩腼腆，安静得近于遁世，但他同时也建立了良好的自我声誉：聪明、有抱负、能力强。到了 19 世纪 80 年代中期，他成功说服自己的雇主，委派他去南非促成和处理一系列的交易，其中包括对数个金矿和钻石矿的投资，而这些矿是由著名的矿业帝国缔造者塞西尔·罗德斯 [Cecil Rhodes，创立了德比尔斯矿业公司（DeBeers）] 运营管理。事实很快证明，这些投资给古德尚带来了巨大的利益回报，对卡恩亦然。及至 1895 年，他已经有足够资产，可以买下此前租住的、位于布洛涅—比扬古的占地达十英亩（约四公顷）的物业。而且，到三十五六岁时，他就已是一位白手起家的百万富翁。但很明显，对卡恩而言，金钱的积累并非他全部的热望或专一的追求。他是一位有钱人，同时也是一位有使命感的思考者。

到巴黎后不久，他报读了一门学位课程。学业内容当中的一部分，是由才华出众的年轻哲学家亨利·柏格森（Henri Bergson）教授。柏格森于 1927 年荣膺诺贝尔文学奖。纵观两人的一生，柏格森曾给卡恩的精神生活带来深刻持续的影响。正如历史学家杰伊·温特（Jay Winter）所考察推断的，卡恩“有着一种形而上学冥想者的气质，倾向于对如何寻求和平进行哲学上的沉思，而在其生命后期，他将全部时间都投入到这一可贵理想上；卡恩慷慨出资，倾其所有，去教育那些局限于国家民族思维框架中的人们，让大家意识到，在一个前所未有地关联一体化或同一化的世界中，会有什么样的挑战与危险。”

及至1898年，卡恩已经表现出一种行为倾向：他心甘情愿地将自己的个人财富花费在慈善事业上。他设立了一个研究基金项目，名为 Bourses de Voyage Autour du Monde，即环球旅行资助基金，为年轻学者赴海外考察提供费用支持。卡恩相信，通过资助教师们去体验全球各地的多样文化，他能给这个群体带来进步性的影响，而这些人在未来的岁月中又将会塑造那些青少年学生的心灵。通过这个基金项目（有趣的是，塞西尔·罗德斯捐资设立了另一个研究补助基金，比卡恩的迟了四年，但更为著名），卡恩让来自法国、美国、英国、德国和日本的数十位年轻人获得了机会，去世界各地旅行，增长见识，扩展心智视野。

在我们这个更愤世嫉俗的年代，这样一种想法——通过旅行让人们去切身感受这个世界，从而达到各个国家之间的相互理解，并因此让地球变得更好更和平——或许看来是无可救药地天真，是纯粹的乌托邦妄念。但在“世纪末”（fin de siècle）情绪笼罩下的巴黎，那从“德雷福斯事件”（法国陆军参谋部犹太裔上尉军官德雷福斯，被诬陷犯有叛国罪，由此引起严重的社会冲突。——译注）中散溢出的反犹太主义的刻毒气息，还盘旋飘荡在空气中，这就有必要拿出一点儿行动，来驱散那种民族主义的狭隘偏见，来化解盲目的种族仇恨；而在那些具有更先进的政治信念的人群当中，这就看来是一个颇具紧迫性的任务。因此，当卡恩了解到玻璃干板彩色正片这一能让彩色照片摄制首度转化为便携式操作的新发明时，他便坚信，现在，他有了可资利用的另一种社会教化工具，能够助力他去推广传播自己的国际主义与和平主义理念。

1908年夏天，卡恩拿到了他委托运送回国的第一批彩色正片玻璃板。这些显影板所生成的影像都是由卡恩的司机兼旅行助理阿尔弗雷德·杜特雷（Alfred Dutertre，1884—1964）拍摄；两人此前完成了一趟环球旅行，经行国家有美国、加拿大、日本和中国，照片为途中所拍。这些影像中，只有相对极少数得以存留，但存留下来的，却是已知在上述国家分别拍摄的最早的一些实色全彩照片资料。很有可能，就是在这次环球航行的旅途中，卡恩确定了他的计划，要创建一个他所称之为“星球档案”的影像资料库；这一规模宏大、雄心勃勃的设想，试图用照片为地球上的人类生活留下一份真实直观的记录。

随后的二十年，卡恩用自己的私人财产去招募专业的摄影师，为他们提供简直装满旅行车尾箱的大量彩色正片显影板（经常还有整盘整盘的电影胶片），将他们派遣至世界各地。在我们如今习以为常、认为理所当然的长途运输体系诞生之前，卡恩的摄影师们完成了这些艰苦的行程。在旅途中，他们深入到当地人日常生活的细节，记录下全球各地千万普通居民的生存经验与文化活动及习惯。

卡恩委派的摄影师们经常在现代历史上的紧要节点去造访相应的国家。在欧洲，他们亲眼见证了导致巴尔干地区新国家和新政权产生的数次战争。法国军人，及其来自法属殖民地的同盟者，在西线战场并肩作战时，摄影师们也与士兵们生活在一起。1918年的停战协议签订后，巴黎到处是狂欢喧闹的庆祝活动，而摄影师们也置身其中。

整个20世纪20年代，亚洲与中东地区的人民掀起独立运动，走向自主自治。卡恩的摄影师们密切关注这些动向，用照片记录下那些国家的缔造者为建立现代政权而进行的努力。其中的风云人

▲1911年，在卡恩位于巴黎附近的住宅外，附有这座深得他喜爱的日本风情花园。
编号B123（奥古斯特·莱昂摄）

物，比如，有土耳其的穆斯塔法·凯末尔（Mustafa Kemal Pasha，又名为阿塔土耳克/Atatürk），有叙利亚与伊拉克（曾同为一国。——译注）的费萨尔埃米尔（即费萨尔一世，埃米尔为尊称，意为国王、头人。——译注）；他们带领自己的同胞奋起抗争，走向独立，最终重构了这些民族的政治命运。

卡恩的照片与影像档案也记录了这样一段历史：储量巨大的成片油田被发现，由此重塑了阿拉伯世界的现实及未来。石油这一因素，在一夜之间改变了中东地区的经济与战略地位。英国首相阿瑟·鲍尔福（Arthur Balfour）曾左右不列颠政府，支持创立一个新的犹太人家园；他访问巴勒斯坦时，激起了当地民众的强烈反应；卡恩的照片也记录了这些历史场景。波斯（即如今的伊朗）的军事政变将新的国王推上政坛、掌控权力后不久，卡恩聘用的摄影师便造访了该国。第三次英阿战争之后的几年间，摄影师们也深入阿富汗，用影像捕捉当地的现实生活。继续向东方开进，摄影师们用镜头记录了日本天皇去世后举国哀悼的悲伤时刻，还有印度大君举办佳节庆典时那生机勃勃、流光溢彩的壮丽场面。

在亚洲，卡恩的摄影师们所定格的许多影像为一个正在消失的世界留下了纪实档案。全球范围内，

▲ 卡恩那宫殿般的豪华宅邸，位于法国里维埃拉海滨，俯瞰马丁岬角（Cap Martin）的海面；约摄于 1910 年。

在欧洲文明的影响下，各地的传统与文化都持续地遭到了毫不留情的侵蚀。在非洲、中东与亚洲，随着语言、宗教礼俗和服饰习惯都屈从于殖民者权威所强加的那种优势文化霸权，当地原住民的生活方式都遭到整体性的改造，变得趋于同化。值得一提的是，远在我们现在所称的“全球化”这个概念被发明出来的半个多世纪前，卡恩就完全意识到了全球化进程中潜在的破坏性：他的这份影像档案，其中至少一部分的意图便是，抢在世界上那些易受伤害的脆弱文化永远消失之前，用图像记录下它们那最富生命力的、生动鲜明的重要特色。

仔细详尽地检视卡恩的“拍照师”们所出品的这些影像，可对 20 世纪初叶的那些年月得出多个结论。在他们造访过的那些国家中，生活对那里的很多人来说是残酷的，是贫乏、穷困和痛苦的大结集。卡恩摄影项目的构思、启动，以及项目执行期的主要时间段，都处于这样一个年代，而作家 A·N· 威尔逊（A·N· Wilson）对此描述如下：“这一段历史时期中，人类彼此屠杀，而且伤亡之多，史上为最。”在世界大战带来毁灭性的灾难之前的那些年月间，就曾有过一系列的局部冲突，让诸多地区陷入战乱，其中有英国人与布尔人（荷裔南非人。——译注）、美国人与西班牙人、日本人与俄罗斯人、意大利人与利比亚人、奥特曼帝国势力与马其顿人

（以及与希腊人、保加利亚人和塞尔维亚人）的战争；更不必说其他国家，比如中国、俄罗斯、西南非洲（今日之纳米比亚）与刚果，这些地方都发生过大规模的屠杀。卡恩热切地关注时事新闻，肯定也意识到了暴力在全球范围内的普遍存在。实际上，很可能是他青少年期的战乱经历与他对世界各地动荡风波的认知，推动着他来创建这份地球影像档案。正如杰伊·温特所推测的："或许是好望角地区那利润极为丰厚的矿产开采提炼行业背后所伴随的种族剥削与压榨，也或许是日俄战争那血流成河的场面，让卡恩对未来产生了忧虑恐慌——如果生产力的进步得不到引导约束，不为和平目标服务，会怎样？或者，他是否在 19 世纪 90 年代遭受了'道德上的危机'，良知的谴责让他去重新思考自己的生活信念与人生使命？"

无论是其财富来源导致的负罪感的冲击，还是对一种乌托邦式理想原则所持的抽象哲学意义上的献身热忱，激发了卡恩去采取行动，有一点是确定无疑的，那就是他创建地球图像档案的这份事业，体现出极为宏大的抱负；当然，这一项目也代价高昂，需要无数的财力物力。巨大的费用并未让他气馁畏缩。相反，持续二十多年，他都在为项目提供资金。卡恩肯定预计过，他会有充足的经济手段来无限期地维持这一事业。然而，国际间的风云变幻让他的计划遭到了致命的重击。1929 年伊始，卡恩还掌管着一个令人钦羡的金融帝国，业务繁荣，收益稳定。他是一位颇受尊敬的金融家，以政府间贷款业务的熟练操作而知名，并因此成为自己经营的一间银行的实际所有人。但是，到了那一年的年底，华尔街股市崩溃，让欧洲最成功的银行家之一的他也陷入危机，几乎沦为穷汉。

▲ 1910 年 1 月，在卡恩位于马丁岬角的住宅外，客人们面对镜头留影。编号 C45

在金融危机之后的那几年间，尽管他的财务状况越来越岌岌可危，卡恩依旧拒绝完全放弃自己所珍视的这个影像档案项目。这项使命继续坚持到了 20 世纪 30 年代，只不过在规模和形式上都有所缩减。漂洋过海，深入遥远异域的探寻被迫终止。除了 1930 年去到西非的那趟仅有的采风长旅，他雇请的摄影师们，此后的足迹都不曾超出地中海这一带。

及至 20 世纪 30 年代中期，卡恩彻底破产，被迫出售布洛涅的房产。房子最终由当地政府收购，但相关部门慷慨大度，允许卡恩在这所他已经生活了四十多年的房屋中继续居住。

▲ 卡恩度假休闲的寓所，位于康沃尔郡的圣艾夫斯，摄于1913年8月。20世纪70年代，该建筑被拆毁。编号A2325（奥古斯特·莱昂摄）

作为一个在阿尔萨斯长大的少年，卡恩在1870年经历了一次德国人的强行侵占。70年之后，他又亲身见证了另一次类似的入侵：希特勒的纳粹国防军横扫法兰西，占领了巴黎。战争，是他竭尽全力想消除的骇人的恶魔，却又一次将恐怖带到了他祖国的土地上。卡恩有75000多的法国籍犹太同胞在纳粹的死亡集中营中殒命，但好在他得以逃避了这样的命运。1940年11月13日深夜到次日凌晨之际，他在安睡之中辞世。80岁这一年，这位公开宣称是和平主义者的落魄老人最终得以安息，进入宁静的长眠。

卡恩去世之后的五年间，珍珠港、斯大林格勒、奥斯威辛与广岛成为不可磨灭的名字，写入人类的恐怖编年史，而那就是20世纪的惨烈标签。卡恩的和平主义使命或许如沙丘城堡般坍塌了，但无论怎么说，他的这一项目都绝非徒劳。及至他的拍摄活动收场，他在摄影与摄像双重领域的历史上都赢得了重要的地位。他的“星球档案”收集了巨量的影像资料，为人们提供了关于20世纪演变形成中的年代的独特深入的观察视角。这一资料库包括有总时长120小时左右的纪录片作品，而这些罕见的影片拍摄于全球各地；还有纪录片拍摄原初过程中保存的多达4000张黑白定格照片；另外就是那个珍贵的、多姿多彩的影像宝库，拥有72000多张玻璃干板彩色正片。卡恩所积累和收藏的无可辩驳地是世界上最重要的早期彩色照片资料。

BBC的纪录片系列专题节目《爱德华七世时代的人物，彩色影像》与《彩色的20世纪20年代：阿尔伯特·卡恩的精彩影像世界》于2007年在英国首度播出，而眼前的这本书，意欲对前述电视节目进行补充和丰富。此书每一章的前缀弁言中，笔者都力图对卡恩的摄影师们执行使命时所处的历史情境加以概述。这些摄影先驱们，在旅途行程中有过怎样的经历体验——关于此，笔者秉持客观立场，利用卡恩博物馆档案材料中的文献资源（尤其是当年留存下来的书信和日记），摘要转述，来让读者也有所感知。

不过，从根本上来说，这本书首先是一个展示窗口，呈现的是卡恩博物馆所收藏的、非凡惊人的影像资料的一少部分，一些最美妙的彩色照片。伴随这些图片，笔者写了一系列的简短说明文字，依据的都是那些曾提及这些照片的文献史料中所包含的信息。史料中收录的这些信息固然有着不可估量的价值，但其中几乎没有什么详细内容，仅仅是拍照者的名字，以及影像摄制的日期与地点。这些信息差不多如出一辙，对照片拍摄的实际场景只有寥寥数语的简单描述。有时候，卡恩雇请的摄影师们也会列出其所拍照片中人物的名字，但更多的情形下，影像中的人物都沦为无名氏，身份至今不详。而且，由于这些照片最初的整理记录方式缺乏一致

▲ 卡恩位于康沃尔的度假寓所，建在海边悬崖之上。客人们在别墅的花园中留影。摄于1913年8月25日。
编号 A69862（奥古斯特·莱昂摄）

性与连续性，就使得针对它们的研究探讨工作变得更为棘手。每块显影板都被标上了一个独有的编号，但这些编号却并未随着照片拍摄年月的先后时序渐次递增，缺乏严格的对应关系。编号数字小的照片并不一定是在那些数字很大的作品之前拍摄，而反过来也是如此。在很多情况下，当没有基础性的关键信息可资利用时，笔者便只好补充加入一些自己认为是中肯可取的相关资讯——有时候，是基于已有史料的延展性推测。那些旧时代场景已然沉淀静止在卡恩的玻璃显影板上；我谨希望，对于所有试图去解读这些遗产的读者，照片随附的简略文字能深化和丰富他们的视觉体验。

1 西　欧

▲ 巴黎的红磨坊夜总会，也是声名狼藉的康康舞的发源地；摄于 1914 年 7 月。编号 A7462（史蒂芬·帕塞特 /St é phane Passet 摄）

◄ 摄于 1913 年 8 月。这是康沃尔郡的一辆干草车；图像中有一种不受时间限制的永恒气息，一定程度上让人想起托马斯·哈代以英国韦塞克斯（也即“西撒克逊”。——译注）为背景的小说中描述的乡村生活风貌。编号 A2352（局部细节图，奥古斯特·莱昂摄）

阿尔伯特·卡恩具有四海一家的情怀与国际主义信念。他虽然身处法国，但所构想的“星球档案”项目却一直都有着全球性的视野：从一开始起，这一项目所致力达到的，就是要超越其起源地，也即欧洲的范围局限，要放眼远在欧洲之外的世界。不过，纵观卡恩的照片遗产，不免也能看到种种的偏爱倾向，而其中最明显的，莫过于地理意义上的欧洲中心主义。卡恩资助的摄影师们所交出的成果中，有超过一半都是在英吉利海峡以东、博斯普鲁斯海峡以西的地域空间内完成的。

这其实并不令人意外。21 世纪的旅行者常常哀叹或抱怨在现代机场出行时所遭遇的种种不适与烦琐的官僚手续；而卡恩的“拍照师”们在当年创作最高产的时期，尽管有足够的胆识和勇气去应对洲际旅行中可能发生的重重不测，但他们在后勤保障方面所遇到的挑战、所要解决的问题，与我们当今的现实相比，却是完全不同的。既然没有现代化的长途旅行工具与设施可供利用，我们也就能预见到，那些摄影任务当中，有很大比例的一部分都是在离法国相对较近的地区操作实行的。

卡恩的影像档案或许体现出所谓的西方偏向；但即便如此，我们还是很庆幸地看到，这个摄影项目恰好是在欧洲历史上一个特别安泰祥和的时段节点来推进完成的。稍后没多久，欧洲大陆的那些权势掌控者让各自统治的国家卷入了一场冲突，而战火与枪炮将屠杀掉大批大批的欧洲人口。好在，及至冲突爆发时，卡恩的摄影师们已经造访过很多国家；这些地方分别是我们今日所称的法国、瑞典、挪威、英国、爱尔兰、西班牙、葡萄牙、瑞士、意大利、希腊、奥地利、匈牙利，以及捷克共和国、塞尔维亚、马其顿、阿尔巴尼亚、黑山共和国与保加利亚。如果说卡

▲ 星球档案的项目指导顾问让·布吕纳（左图），摄于 1922 年；以及卡恩长期任用的摄影师奥古斯特·莱昂与其女儿，摄于 1918 年。编号 A33818（左图） 编号 A14552

恩项目的启动恰逢其时，那他对于计划中所访目的地的选择也同样相当睿智、恰到好处。杰出的地理学家让·布吕纳（Jean Brunhes，1869—1930）是“星球档案”项目的指导顾问。奥古斯特·莱昂（1857—1942）则是为这一项目工作最长久的专业摄影师。1913 年，这两人一同前往巴尔干地区探访拍摄。这一安排极有先见之明，充满了前瞻性，因为这一地区所发生的事件，包括弗朗茨·斐迪南大公在萨拉热窝被刺杀身亡，都将会产生历史性和世界性的重大意义。

人们大致都接受了这样一种看法：1914 年之前的那些年月，也即那场为期四年的血腥屠戮开始之前的时代里，西欧很多地方的生活都相对宁静，发展有序，欣欣向荣。法兰西与大不列颠在各自的帝国领土上的统治还未受到什么挑战。虽然有世纪末的情绪影响，那几座伟大的都会城市却经历了先锋派艺术运动的兴起繁荣，科学技术领域也出现了重大的突破。在欧洲人的集体性历史记忆中，波西米亚式的颓废不羁、“美好年代”（belle époque）的优雅与爱德华七世时代的富足兴旺，这些令人欣慰的图景依旧是那一时段的主导印象。就大部分人而言，倘若财产丰厚，估计会禁不起诱惑，从而沉湎于当时艺术审美、智识探求或干脆就是声色犬马、纯感官的享乐中。但很明显，卡恩属于另外一群人，他们意识到，这个看似喜气洋洋、被大家信以为真的镀金时代，实则还有着另外的一面，一个让人忧心忡忡的侧面。

从卡恩和布吕纳在“一战”之前出品的很多影片与照片中可以清楚地看出，他们曾强调要求受雇的摄影师去注意寻找日常生活中那些更为粗放和原生态的客观现实。布吕纳给这些“摄影家”发放了简明手册，其中的摘要指引鼓励他们去搜寻捕捉景物地貌、建筑、文化以及诸如此类当地风情中那些独具特色的元素或差异性表征。不过，他也对摄影师们提出，不需要唯命是从地盲目顺服他的要求：只要有任何东西吸引了他们的目光，他们都拥有完全的自由，去跟踪拍摄。如此一来，卡恩资料库中的欧洲影像看上去就不免有互不相干但混为一谈的芜杂之感，令人眼花缭乱。先看一例。1913 年，奥古斯特·莱昂分两次探访英国，也摄制了大量的照片。从伦敦带回来的，是一系列近似于明信片的作品，图像所聚焦的除了其他的事物之外，主要就是白金汉宫、皇家高等法院与圣保罗大教堂之类的建筑。一起加入这组“英国印象”照片的，还有仅仅几周之前他在康沃尔郡所定格记录的那些场景；那是截然迥异的另一个系列——风格柔和，气氛私密，生动亲切，人物如在眼前。图像中有嬉戏玩乐的儿童——当然，在那个还不够开化的时代，劳动的儿童也出现于画面，有驾乘马拉干草车的农夫，还有一位老“海狗”（即水手）在一座白墙灰瓦的村落房舍外面抽着烟斗——眼下，他被“冲”上了岸，仿佛大船搁浅，略有落寞不适之感。

沿康沃尔海岸线分布的这些小村庄，在莱昂的照片中显得简朴又美丽。他游访爱德华治下的伦敦，拍下那些显示帝国气派、尊贵庄严的宏大建筑，场景中流露出明显的傲然自若的气息，让人感觉与同属英国的那些海边小村相去甚远，二者之间仅存有微弱的关联。从外在表征来看，康沃尔那些地方特色的乡居屋舍似与卡恩的另一位“拍照师”所关注的建筑有着更为亲近的关系。那是“星球档案”项目所曾资助派出的唯一一位女性。

她叫玛格丽特·梅斯普里特（Marguerite Mespoulet，1880—1965），于 1913 年春天抵达爱尔兰。作为一名青年学者，她此前曾有一次享受过卡恩海外考察基金的资助（正是由于卡恩的慷慨，她得以在 1907 年赴日本旅行）。梅斯普里特的爱尔兰之行由卡恩奖学金项目的另一位受益者陪同；此人名为玛德琳·米尼翁（Madeleine Mignon，1882—1976）。

梅斯普里特是一位摄影师，还谈不上是“摄影家”，所拥有的专业经验相对有限。但她很有天分，极具鉴赏力。她拍下那些穷困的农民、小圆木舟中作业的渔夫、在爱尔兰西部辛勤劳作的泥炭采挖工；在她的这些作品中，无一例外地，画面都有着精心细致的构图，其旨意清晰，情绪强烈，直指人心。不过，最为引人瞩目的，至少是最吸引我们现代人眼球的，还是她拍摄的那些女性形象。在高尔韦（Galway）城附近的克拉达（Claddagh）所拍摄的一系列肖像作品中，她着力捕捉当地女性自豪、独立和坚韧不拔的精神气质。与此同时，她的这些照片也并未粉饰现实：

▲ 1913 年 8 月，奥古斯特・莱昂的镜头定格了一位资深老水手；此人已退役回到陆地生活，居住地离卡恩位于康沃尔郡北部海岸卡比斯海湾（Carbis）旁的度假寓所并不远。编号 A2405

那里是爱尔兰偏远外省的边地村落，荒凉萧索，死寂没落，困苦得令人身心俱疲。

根据梅斯普里特旅行日记中所记述的，对于生活在爱尔兰西部的妇女来说，极端的贫困还不是她们面临的唯一威胁。日记写道，在她所造访的一些民居群落中，很多人不幸沦为肆虐的伤寒症的牺牲品。

历经了横跨大西洋、往美国移居的长时期的单向流出，爱尔兰很多地方的人口都已衰减。在一篇日记中，梅斯普里特感伤哀叹："年轻人背井离乡，去了北美，姑娘们也去了。留守的老人们死后，房屋便直接被废弃，渐渐成为残垣断壁。几乎没有哪一座村庄，你不会看到灰黑色小屋那荒凉可怜的残迹，被埋没在恣肆的荨麻丛中。"

承受着巨量人口流出所带来的冲击的，绝非爱尔兰一国。类似的人口变化与流动现象也让瑞典和挪威的不少居住区陷于空寂萧条。如今，斯堪的纳维亚半岛国家的民众们享受着可谓是地

▲ 爱尔兰的这位披巾流苏编织工，每完成一件成品的工钱是 3 先令 6 铢儒（3s6d，约等于 17.5 新便士）。编织仅仅 1 件披巾流苏便需要 3 天，而她还要自行提供羊毛。编号 A3649（玛格丽特·梅斯普里特摄）

球上最高水准的生活，但在 1910 年，当卡恩与奥古斯特·莱昂一起乘车穿越那座半岛时，那里的乡村地区刚刚经历过不幸：涌向大西洋对岸的大规模人口迁徙、惨淡的农业收成、到处扩散的贫困，乃至最终出现的最糟糕的局面——饥荒；如此的复合效应，让一切都雪上加霜。

但是，与梅斯普里特对爱尔兰的现实写照不同，莱昂的北欧影像基本上未曾透露过他镜头另一侧那些人们所忍受的社会创痛与经济窘困的煎熬。除了少数几个明显的例外之作，他这一专题中的照片画面都令人安心，并有喜庆欢乐之感。他镜头下的很多肖像作品，看似都经过了精心构图，其中的人物穿着最好的礼拜日正装，摆好了姿势来拍照，很配合地保持静止不动。

从 1814 年起，挪威由瑞典统治。然而，挪威内部为争取独立发生了一些扰动，持续几年之后，与瑞典的政治联盟最终于 1905 年解除。令人欣慰的是，这场主权归属的根本改变和平

▲ 1910 年在挪威，莱昂抓拍到了卡恩；画面取景框的右侧，卡恩正向湖中划船的人伸手打招呼。上图：处理完成之后的彩色正片。编号 A322（奥古斯特·莱昂摄）

▲ 达拉纳（Dalarna，瑞典一旧省）莱克桑德（Leksand）镇，两位姑娘那色彩鲜艳的服饰与当地这位自耕农严肃庄重的着装形成鲜明的对比；摄于 1910 年 8 月 28 日。编号 A419（奥古斯特·莱昂摄）

有序，避免了流血牺牲。但是，与北欧相对的另一个欧洲角落，那里通往民族自立自决的道路就没这么顺利了；卡恩的摄影师们将会看到，那里的变化所带来的破坏性要严重得多，甚至是致命的。

莱昂的照片中，很少有迹象表明他是抓拍了自然状态下的，或者说是动态中的图像主体。不过，他偶尔也成功地出品过几张轻快活泼的虚光小照，来描绘斯堪的纳维亚半岛农村劳动者的日常生活——尤其值得一提的是，他在瑞典乡村拍过一组很精彩的作品，便属于这一类，只是图像中的地貌风景略带欺骗性，看似轻松浪漫的田园牧歌。整体而言，莱昂的北欧影像专辑是“星球档案”资料库中最动人、最迷人、最引人共鸣的作品系列之一。

关于“一战”之前的斯堪的纳维亚、英国与爱尔兰，卡恩影像档案中的那些照片，所体现出的一个最为引人瞩目的特征，便是北欧风情的那种异质性，尤其是人们着装打扮的样式。大英帝国的西服在全球建立了霸主地位，一统天下，或者，在更接近当代的后来一段时期内，美国人的运动休闲服装成为通行世界的文化输出；但是，

▲ 意大利东南部巴里附近阿尔贝罗贝洛（Alberobello）的“特鲁利”（trulli）锥形石板屋，颇为闻名，共有约1500座；洗涤之后的湿衣服摊挂在石块垒砌的墙上晾晒。摄于1913年9月30日。编号A2661（奥古斯特·莱昂摄）

在此之前，独具特色、风格鲜明的民族服饰才是各国的主流。瑞典传统的“民众服饰”(Folkdrakt)，是那色彩鲜亮、图案繁复的红色紧身马甲，而颜色丰满、富于活力的深红色大披巾，则是爱尔兰克拉达的姑娘们的必备之物；要将这两种服装混为一谈，无疑是不可能发生的疏忽。就服饰多样性这一点而言，莱昂随后一程欧洲之旅所遇到的人们习惯穿着的衣服——占据主导的是一种暗淡沉静的灰蓝色——也同样呈现出一目了然的民族差异性。

1913年9月18日，离开伦敦十五天之后，莱昂抵达了米兰。他在意大利的拍摄活动持续了两周；随行陪同他的，是“星球档案”项目的指导顾问让·布吕纳。他们再一次来到了一个因深刻彻底的经济与政治变迁而正处于剧烈阵痛中的国度。直至此前不久，那些命运不济，因此而未受过教育或饱受极端贫穷的意大利男性，依然与选举权无缘。但到了1913年，新的法律通过，赋予所有成年男性以选举权。（意大利女性，与她们在英国、爱尔兰及法国的广大姐妹一样，仍被排除在民主进程之外。）与爱尔兰和斯堪的纳维亚半岛国家一样，意大利也遭受了长时期人口

▲ 1913年10月1日，孩童与成人簇集在意大利亚德里亚海岸城镇巴里的士瓦比亚城堡（Swabian Castle）前；城堡建自13世纪。编号 A2675（局部图）（奥古斯特·莱昂摄）

流失所带来的破坏性影响，民生凋敝。及至19世纪末期，据估计有一百万意大利人远离乡土，以此逃避农村地区，尤其是亚平宁半岛南部这一半国土上那令人绝望的贫困生活。

离开米兰之后，莱昂与布吕纳接着旅行，经过了托斯卡纳地区一些最为雅致、最为古老的城市、集镇与村庄，其中包括佛罗伦萨、伯吉邦西（Poggibonsi）、锡耶纳、蒙特里戈尼（Monteriggioni）与圣吉米纳诺（San Gimignano）。他们继续向南开拔，途经阿布鲁佐地区的优雅城市拉奎拉（L' aquila），然后抵达了风情独具的村镇阿尔贝罗贝洛。与欧洲历史上英伦富贵子弟进行艺术启蒙而走的“壮游”常规路线——比如佛罗伦萨或者威尼斯都是理所当然的必游之地——不同，两位法国人到达意大利的这座小镇时，此处的游客人流量还相对较小。那时，这里用石板堆垒构成屋顶的、圆锥形的“特鲁利”民居，其中的绝大部分依旧是用作村民家庭住所。而如今，随着千千万万的观光客慕名而来，来一睹这形貌奇特的中世纪古旧村居风情，这些石砌圆屋很多都已被改造以为商务之用，变身为旅游纪念品商店、咖啡馆、小餐厅，甚至是旅店，向游人提供服务。在莱昂的照片里，这一村镇中唯一的人类生活形迹是该地原有的居民；在屋舍外面，我们可以看到他们洗好的衣物挂晒在晾衣绳上，而不是像现在那般，到处摆卖迎合游客的、花里胡哨的廉价小礼品——几乎完全雷同、千篇一律。

10 月 1 日，这两位旅行者乘车去往他们意大利之行的最后一个目的地：港口城镇巴里。他们在那里拍摄的最后一张照片上，也是此番行程所有出品中最令人动容的场景之一。一群蓬头垢面、浑身灰扑扑的孩童，簇集在莱昂的镜头前留影；而把他们像赶牲口那样聚拢就位的，估计就应该是画面后方，那几位显得神情严肃的大人。

从 21 世纪的视角看过去，卡恩的这些照片，对“一战”前西欧的记录与呈现，其中很多都有一种令人安慰的乐观氛围。贯穿整个系列，艰辛困苦——倘若不是直接绝对的贫困——的迹象尽管还是明显可察的，但除了巴尔干半岛的那组影像之外，卡恩档案库中的欧洲专辑所展现出的这片大陆，宽泛概括地来讲，是率真淳朴、安然自在、与世无争的。当然了，帕斯尚尔（Passchendaele）战役与索姆河战役的历史阴影还未曾投射或侵蚀到这些照片，因为它们是在西线战场那令人窒息眩晕的恐怖惨相之前拍摄的。无意之中，卡恩的摄影师们为一个看似平安但注定要陷入灾难的年代留下了一份“谨记死亡”的警告。

正如我们可能预计到的，在这片大陆以战火自我屠戮之后那几年所拍的照片中，这里的欧洲影像所讲述的又是一个不同的故事。关于“一战”，诗人威尔弗雷德·欧文（Wilfred Owen）曾用如此惊悚难忘的意象来指称——“哀号的炮弹，那刺耳疯癫的合唱”；而在这“合唱”停止之后的很长一段时间内，战争引发的冲击与后果依旧强烈，导致这一主题在卡恩的照片库中不停回响。

卡恩具有深刻坚定的和平主义信念，他想为和平留下记录。既然他致力于创造出自己时代最有意义的图像编年史，那他就不可能忽略那些相关事件的后果；正是这些重大后果，在最根本的深度层面上定义了那个时代。除了物理实在世界那明白可见的后果呈现，比如仿佛启示录末日景象般满目疮痍的地貌与宽广巨大的墓园，卡恩的摄影师还搜寻捕捉那些微妙含蓄的小细节来表现战争冲突所留下的种种“遗产”。在一些影像中，间接提示出战争后果的，不是画面中所呈现的东西，而是其中所缺场的东西。1920 年，他们摄制了一个短片，是在第七区大学街上“奇幻城市”（Magic City）这间很受人们欢迎的舞厅中拍摄；面对摄像机，女人们翩翩起舞，跳起华尔兹，但常常是两个女人结伴旋舞（因为男伴短缺）。这些镜头构成强有力的暗示，告诉我们，这一代的女性失去了她们原有可能牵手的夫婿，因为此前的凡尔登战役与伊珀尔（Ypres）战役已夺去了他们的生命。

卡恩的团队在 1918 年之后所拍摄的其他纪录片与照片显示出，尽管签署了停战协议，欧洲西线却并未一切都太平。实际上，他们在德国拍摄的一些影像，其中所记录的事件甚至接近于要让“战后”这一概念中的“后”字成为多余。

▲ 政治上暴力冲突的后果；1923 年 10 月 29 日，在莱茵河西部城镇克雷费尔德，一位警察被杀害，他的血迹染红了这里市政厅一个房间的地板。图片右侧，可以看到一把遗弃在现场的手枪。编号 A40164（弗雷德里克·加德默尔摄）

及至 1923 年，德意志魏玛共和国政府首领们的无能管理，导致了长期的经济恶化；而此前的战败本就给该国带来了全国性的灾难，社会经济双重层面上都已土崩瓦解，战后的这种经济凋敝局面无疑是雪上加霜。1923 年初期，德国危机频发，经历了全体性的大罢工、法国军队的入侵（德国人已经履行了战争赔偿之后，法国人还一直进军至鲁尔这一至关重要的工业区）、因食品短缺而爆发的骚乱，还有，更为众所周知的，是一场恶性通货膨胀的袭击，导致德国货币的币值一落千丈，沦为废纸（比如说，当年的 1 月，兑换一美金便已需要 18000 马克，而到了 11 月份，兑换一美金则需要 40000 亿马克还多）。

正如哈佛的历史学家尼尔·福格森（Niall Ferguson）所指出的，货币价值的崩溃侵蚀摧毁了德国民众心中对“和平与秩序”（Ruhe und Ordnung）的传统欲求或愿望。在卡恩委任的摄影师当中，作品最为引人注目凝思的，弗雷德里克·加德默尔（Frédéric Gadmer，1878—1954）的当属其中之一。1923 年，当他带着相机来到莱茵河西部地区，正值魏玛德国的命运处于最低点的艰难时刻。自从战争结束，这个国家每年都要面对至少一次的政变图谋与暴动。在莱茵河西部的城镇克雷费尔德（Krefeld），分裂主义者也发动过一场叛乱，但失败了；加德默尔随后抵达，拍下了这一动乱的后果。除了被路障阻塞的街道，以及被枪弹击穿打碎的窗子，他的系列照片中有一张显得尤其令人毛骨悚然：这一场景拍摄于当地市政厅的一个房间中，一位警官在那里惨遭杀害。受害者的尸体并未出现在图像中，但在地面上，一把枪，还有警官所留下的一大摊殷红的血迹，却历历在目。

与德国相比，法国和英国要应对的政治祸乱以及经济灾难虽然要少一些，但战后产生的种种不良效应，两国却无法幸免。1926 年的大罢工期间，英国政府觉察到工会方面好斗分子的临战状态所意味着的新威胁，被迫建立起由特别巡警力量组成的治安团，以便维持社会秩序。按照时任首相史丹利·鲍尔德温（Stanley Baldwin）的观点，那场罢工是“对国会的挑战，正走在通往无政府主义和肆意破坏的道路上”。

不过，随着集体的愤怒感与伤痛慢慢淡化，欧洲人开始听从于内心的另一种意愿，试着去遗忘那不远的过往时代中的灾难；在有些地方，卡恩的摄影师们也能目睹到一个渐变进程，那就是向战前和平年月静好氛围的回归。在巴黎，“星球档案”以纪录短片捕捉了人们生活情绪发生改变的痕迹：多维尔是一处时髦的海滨度假地；众多相对富足的巴黎人涌向这里的沙滩；海边的步行栈道上，美丽的姑娘们悠闲地旋转着手中的阳伞。

通过这些战后的视觉文献，我们可以辨识出一些征象，说明一种新的乐观主义正在欧洲各地慢慢渗透。20 世纪 20 年代期间，人们有个错觉，以为这片大陆刚刚经历的是“一场为结束所有战争而进行的战争”；而这一错觉又引发了一个次生的幻觉，以为在凡尔赛宫签订的条约已经消解了欧洲进一步冲突的所有可能性，再担忧便是多余。但也有些人并非如此确信。法国元帅斐迪南·福熙（Ferdinand Foch）曾这样评价《凡尔赛和约》：“这并不意味着和平。这只是为时二十年的一份停战协议。”无论是卡恩自己，还是他的摄影师，或者是曾出现在他的影像档案中的那些人们，谁都不会想到，福熙的这句话竟会一语成谶，而历史的演变竟会是那般风云诡谲、惊悚莫名。

▲ **法国巴黎，**1914 年 6 月 24 日
拉丁区，铁壶街（rue du Pot de Fer），一个巴黎市民的家庭成员坐在自家屋外。1928 年春天，英国作家乔治·奥威尔（George Orwell）住进了这里的一处公寓，而这条街紧靠着那生机勃勃、多姿多彩的穆浮塔街（rue Mouffetard）市集。在首次出版于 1933 年的半自传体小说《巴黎伦敦落魄记》中，奥威尔写到了他在此街附近一间餐馆当洗碗工的潦倒时光。编号 A7419（史蒂芬·帕塞特摄）

▲ **法国巴黎，**1912 年 11 月
埃菲尔铁塔是巴黎的典范地标。莱昂在这张照片中，巧妙构图，将特罗卡德罗宫（Palais de la Trocadero）安置于铁塔底部的拱弧框架中。如今，这样一个画面已经无法重现：特罗卡德罗宫那独特的“摩尔式”风格的宏大建筑，是为 1878 年的世界博览会而修建，但后来被拆毁，由 1937 年完工的夏乐宫（Palais de Chaillot）取代。编号 A170（奥古斯特·莱昂摄）

SNOT & CHOMER
SUCCESSEURS
ETEMENTS
T FAITS ET SUR MESURE
HOMMES JEUNES GENS ET ENFANTS
ORMES - LIVRÉES - SPORTS

▲ **法国多尔多涅省，**1916 年 5 月 6 日
多尔多涅省区的伊齐德塔雅（Les Eyzies-de-Tayac）村，一位妇女赶着骡车穿过村舍。19 世纪中叶，在此地附近名为克罗马农（Cro-Magnon）的小山脚下的一个石洞中，发现了五具人体骨架。这是史前人类的一个世系，该世系也因此以该地名来指称，被叫作“克罗马农人”。编号 A8480（乔治·谢瓦利埃摄）

▲ **法国多尔多涅省，** 1916 年 6 月 4 日
“一战”进行期间，法国全境内的众多家庭，都不得不适应父亲“消失”的现实，学会靠自己生存。父亲们要么是在前线打仗，要么就已殒命疆场。对画面中的瓦莱德太太和她的孩子们来说，父亲不在了，这就意味着她们要在多尔多涅这个名为多纳克（Thonac）的村庄近旁的土地上辛苦劳作，种植庄稼。编号 A8908（乔治·谢瓦利埃摄）

◄ **法国勃艮第地区，**1918 年 9 月 25 日

勃艮第“皇家领地圣–让古”（Saint-Gengoux-le-National）一处酒庄的葡萄园，一位名叫“路易先生”的工人正在干活。“一战”期间，法国士兵对糟糕的食物配给感到不满，再加之其他方面的怨诉，导致 1917 年爆发了广泛的军事叛乱。最终，新上任的总司令菲利普·贝当元帅（Philippe Pétain）设法保障了更好品质的食物与酒水的供应，由此提振了法军的士气。及至这一年的收获季，葡萄种植与酿酒已经成为法国战争事务中的一个重要部分。编号 A14899（奥古斯特·莱昂摄）

▲ **法国吉伦特（纪龙德）河谷区，**1920 年 10 月

法国西南部的吉伦特省区，一群葡萄采摘工在收摘葡萄。工人们干活的这座葡萄园，很可能是在圣埃美隆（Saint-Émilion）；这是优质波尔多红酒的产地之一。编号 A27304（费尔南·库维尔 / Fernand Cuville 摄）

▲ **法国兰斯，** 1917 年 4 月 6 日

餐馆业主高蒂耶（Gauthier）夫妇守护在自家店铺的门口。及至 1917 年，依旧逗留在这座城市中的人们，要么就是走投无路，没别处可去的，要么就是在城中还有些产业，需要他们去保护的。高蒂耶夫妇大致上属于这其中的后一类：要是他们逃离了，餐馆恐怕早就被洗劫一空。编号 A11561（保尔·卡斯特劳摄）

▲ **法国坦恩，** 1917 年 6 月 9 日

“一战”期间，法国曾设法从德国人手中夺回了阿尔萨斯省西南部一小块领土的控制权。照片中这位女士身穿传统风格服饰，在坦恩附近留影。1914 年 12 月，法国重新得到了这里的控制权。自从此地从德国的占领中解放出来，这种服饰便成为阿尔萨斯女性风采的一个浪漫象征。编号 A12023（保尔·卡斯特劳摄）

▲ **法国布列塔尼大区的罗斯柯夫（Roscoff），** 1920 年 4 月 6 日

这些渔民居住于布列塔尼大区的罗斯柯夫。20 世纪 70 年代期间，这个深水港口成了一处重要的海运集散点，有定期定时的航运渡轮开行，将法国与英国以及爱尔兰串联在一起。照片中的这些年轻人大概从来也没有想到过，他们的孙子辈将会看到，当地的经济竟然更依赖于那些“豪饮寻欢客”的消费，而不再是看捕获了多少鳕鱼。编号 A20840（乔治·谢瓦利埃摄）

ROUANEZ AR MO

◀ **法国布列塔尼大区的孔卡尔诺（Concarneau）海湾，**

约 1929 年 7 月

布列塔尼大区的孔卡尔诺曾经是，也一直是法国最大的渔港之一。不过，如今海湾水面上度假休闲的游艇客人数，已经远远多过捕捞金枪鱼的渔夫。这张照片拍摄时，渔民们所用的是一种独具地方特色的蓝色渔网。每年的 8 月，这里仍会举办“蓝渔网节”（Fête des Filets Bleus）来庆祝这一传统。编号 A60447（罗杰・杜马 / Roger Dumas 摄）

▲ **法国斯特拉斯堡，**1918 年 12 月 8 日
摄于斯特拉斯堡西南几公里外的一座村庄——吉斯波尔谢姆（Geispolsheim）；此作为我们提供了一个难得的机会，可以看到农户建筑内的样貌。“一战”结束之后的数月间，卡恩的摄影师在法国农村拍过很多的照片，其中很显眼、也很刺目的共同点是，作为一家之主的父亲缺位。这一家也是如此。
编号 A15231-AT（乔治·谢瓦利埃摄）

▲ **法国埃斯南斯（Esnandes），**约 1921 年

滨海夏朗德区的埃斯南斯附近，渔夫们，法语中称这类渔民为“小划子船夫”（Bouchoteurs），在泥泞的岸滩上采收贻贝。他们身后的木桩上缠绕着绳索，木桩被打进沙地，上面还固定着保护性的细网罩，以便提供一个适当的附生平面，让小贻贝附着生长。编号 A24820（费尔南·库维尔摄）

▲ **爱尔兰克拉达，**1913 年 5 月 25 日

克拉达，位于爱尔兰西部沿海城市高尔韦的附近。卡恩雇请的摄影师玛格丽特・梅斯普里特与同行的旅伴玛德琳・米尼翁来到克拉达，发现当地村民典型的居所就是这些小农舍。在旅行日志中，梅斯普里特写道："几乎没有哪一座村庄，你不会看到灰黑色小屋那荒凉可怜的残迹，被埋没在恣肆的荨麻丛中。""克拉达居民的困苦与那里的肮脏震惊了"她；她注意到"那些可怜的穷孩子很脏，皮肤感染了癣菌，而别的孩童也说不上更干净"。到了 20 世纪 30 年代，当地开始搞一个住房项目，这些小屋随之被拆毁。编号 A3636（玛格丽特・梅斯普里特摄）

► **爱尔兰克拉达，**1913 年 5 月 25 日

14 岁的克拉达姑娘玛恩・凯利（Mian Kelly），身穿当地女性钟爱的、地方特色鲜明的深红色披巾服饰。按照梅斯普里特在日记中的表述，村民们认为玛恩是"爱尔兰少女"的一个完美范例。如今，她的一位还在世的亲戚回忆说，玛恩是"一位雅致的美女"。1973 年，玛恩去世，享年 75 岁。编号 A3640（玛格丽特・梅斯普里特摄）

◄ **爱尔兰克拉达，** 1913 年 5 月 26 日
两位卖鱼的妇人杀鱼，去除内脏。这些鱼很可能是要送去高尔韦的鱼市上出售。1913 年，渔业对当地经济非常重要，竟至于该地政府颁布了一条地方法规，禁止人们保留或侍弄自家小花园。这一举措的意图是想确保人们能够利用尽量多的时间去捕鱼。编号 A3643（玛格丽特・梅斯普里特摄）

▲ **爱尔兰罗斯（Ross），** 1913 年 5 月 29 日
乘客们所驾乘的马车被叫作“外出车”或“短途通行车”。此马车最与众不同的设计特征是那些座位的空间布局安排：座位为侧位，与车轮平行。这种交通方式在爱尔兰曾很普遍，持续了一个多世纪，但在其他国家则很少见。如今，这样的马车在爱尔兰也几乎已经消失。编号 A3660（玛格丽特・梅斯普里特摄）

▲ **爱尔兰康内马拉（Connemara），** 1913 年 5 月 31 日
从湿地沼泽中采挖泥炭，在爱尔兰已经有一千多年的历史。梅斯普里特在康内马拉遇到这位泥炭采挖工时，这种泥煤依旧是爱尔兰用于日常取暖和烹煮食物的最重要的燃料。如今，人工采挖的做法几乎不复存在；现在都是用拖拉机牵引的草皮切割机器来采掘泥煤。编号 A3665（玛格丽特·梅斯普里特摄）

▲ **爱尔兰康内马拉，**1913 年 5 月 29 日

这是一位爱尔兰的泥炭采挖工；这一经典形象让梅斯普里特迷恋不已。在日记中，她还对此感到幽思缥缈：“他在干活，在苍穹下，脚在水中，孤独一人，只有鸟儿和流云与他为伴。很容易便可理解，这些人怎会有如此生动和热切的想象力，他们为何能构建出全欧洲最美妙的传奇。”编号 A3653（玛格丽特·梅斯普里特摄）

▲ **爱尔兰高尔韦，** 1913 年 5 月 31 日

这幅图景令人动容。一位裤子破烂的父亲与赤脚的儿子坐在一起，背景是荒凉暗淡的天空和高尔韦冷酷多石的地面。这具体地说明了爱尔兰乡村穷人所承受的艰辛生活。生命受到疾病与贫困的双重威胁：梅斯普里特采访拍摄期间，一场伤寒症爆发，当地好几个聚居区都不幸遭殃。编号 A3667（玛格丽特·梅斯普里特摄）

◀ **爱尔兰高尔韦，** 1913 年 5 月 29 日

这样一个场景在今日爱尔兰的主要城市中几乎不可能再看到了。在这里，农夫们赶着自家的牲口，穿过高尔韦的街道，去参加每年一度的 5 月牲畜交易市集。100 年前，农耕业是爱尔兰西部经济生活中至关重要的一部分。如今，高尔韦的人口中仅有约 1/100 受雇于农业和矿产采掘业。编号 A3650（玛格丽特·梅斯普里特摄）

▲ **爱尔兰劳斯郡（Louth），**1913 年 6 月

爱尔兰东北沿海劳斯郡的这些大车制作工匠，用红丹漆涂覆车轮和屋舍大门。这是当时广泛采用的做法，来防止木头腐烂。拍摄这张照片时，梅斯普里特也在跟大自然的力量进行对抗：风刮得很猛，迫使她不得不用脚来支撑和稳定三脚架，以免相机被吹倒。编号 A3691（玛格丽特·梅斯普里特摄）

▲ **爱尔兰米斯郡（Meath），**1913 年 6 月

在米斯郡，梅斯普里特与米尼翁遇到在博因河（Boyne）上捕鱼的渔夫。他们还在使用小圆舟一样的树条蒙皮传统小船，当地称为“卡勒克”或“卡拉”。船用榛树枝条与牛皮制成，但彼时这种船的使用概率已经处于下降趋势。根据梅斯普里特的说法，在爱尔兰东部，仅留存有四只“卡勒克”。**编号 A3708（玛格丽特·梅斯普里特摄）**

▲ **英格兰康沃尔，**1913 年 8 月

莱昂在康沃尔郡所拍的照片中，有几幅都是当地人站在毁弃倾圮的旧房舍前。尽管这一区域的旅游业不断发展，但康沃尔依旧是不列颠联合王国最穷困的郡县之一；直至如今，也是如此。编号 A2356（奥古斯特·莱昂摄）

► **英格兰圣艾夫斯，**1913 年 8 月

卡恩在英国的寓所是一座优雅的别墅，俯瞰卡比斯海湾。但他在圣艾夫斯这里的很多邻居，住房就远没有那么舒服豪华了。此处海域的沙丁鱼捕捞资源枯竭之后，无数家庭便都面临着窘困与艰辛。很多孩童连鞋子都穿不起，迪盖（Digey）这一街区的许多房子被废弃。如今的情形已经截然不同：这些房子很热销，被开发为度假居所，经常能卖到 50 万英镑一套。编号 A2423（奥古斯特·莱昂摄）

▲ **英格兰牛津，**1924 年 5 月

年轻人乘坐平底船，在牛津的彻维尔河面上荡舟游玩；背景中高耸的是玛德林学院的大塔楼。划平底船曾是一项有实用目的的活动：人们沿河搜寻，找食物材料，其中以鱼和野禽为最。如今，这基本上来说已成了一项休闲娱乐；荡舟范围仅限于流经牛津和剑桥这两处大学城的河流水面。编号 A42814（罗杰·杜马摄）

▲ **英格兰伦敦，** 1913 年 9 月 3 日
这是一处整洁得近乎完美无瑕的居住区；一位扫街工已经在此进行了彻底仔细的清扫。莱昂的伦敦组照中，只有极少数没拍著名的地标性建筑，而此作便是其一。这里的缘由可能在于：照片中间的这座房屋是卡恩一位朋友的家，或者是卡恩旅行资助项目中一位英国受益者的家。编号 A2465（奥古斯特·莱昂摄）

▲ **英格兰伦敦，** 1924 年 6 月

这张照片拍摄时，舰队街仍然是新闻报业的同义语；那里的一些知名大报是由英雄般的巨头人物引领，比如《每日邮报》是在罗瑟梅尔（Rothermere）子爵的旗下，执掌《每日快报》的则是比弗布鲁克（Beaverbrook）勋爵。不过，现在已不复从前：尽管还有一些出版商与新闻社仍驻扎于此，但已经没有任何一家全国性的报纸机构以此为本部；甚至有很多记者和业内人士他们自己都称这条马路是“耻辱之街”。编号 A43227（罗杰·杜马摄）

▲ **英格兰伦敦，** 1924 年 6 月

泰晤士河畔的两岸，现在鳞次栉比地排列着的都是精致漂亮的公寓楼与流光溢彩的办公楼，但在 1924 年，这里却都是为商用运输服务的码头与密集的工业建筑和设施。从这一段河面，原材料与制成品仍源源不断地运进或运出，运输线的另一头可延伸至大英帝国最偏远的领地。这里的取景地是老伦敦桥，向东一直望向新的伦敦塔桥。编号 A43272（罗杰 · 杜马摄）

▲ **挪威约顿海姆（Yotunheim）山村，**1910 年 8 月 12 日
约顿海姆（该词是北欧神话中的“巨人之家”。——译注），是斯堪的纳维亚半岛最高的山脉。莱昂进入山区采风的途中，曾停驻于这个小山村。“萨迦”传奇中提到过这些山峰，但直到 19 世纪，人们才对这里进行应有的探索和了解。如今，这一区域受到旅行者的热烈追捧；他们来到这里徒步，尽情饱览雄伟壮丽的山地风光。编号 A291（奥古斯特·莱昂摄）

► **挪威斯塔尔海姆（Stalheim），**约 1910 年 8 月 14 日
斯塔尔海姆位于挪威西部的峡湾地区。卡恩与莱昂在此住过酒店；照片中的妇女是酒店的雇工。要抵达这里，旅行者驾乘的车子必须一路小心翼翼地爬过 1/5 坡度的山道。这条路被叫作“斯塔尔海姆天路”，是欧洲最陡峻的山路之一，宣传声称有 13 道发卡弯。编号 A317（奥古斯特·莱昂摄）

▲ **挪威奥普海姆（Oppheim），**1910 年 8 月 14 日
图中这座雅致的小教堂位于奥普海姆村与斯塔尔海姆之间，离卑尔根（Bergen）市大约 80 公里。19 世纪期间，福音信义宗基督教会（路德宗）势力稳固，掌控着挪威的宗教生活。如今，挪威总人口 90% 左右都是教会成员。编号 A320（奥古斯特·莱昂摄）

► **瑞典埃尔夫克勒比（Älvkarleby），**1910 年 8 月 25 日
这些身穿民族服装的姑娘面对镜头表达出她们的友好欢迎之情。她们所在的地方是埃尔夫克勒比市区，在斯德哥尔摩以北大约 150 多公里处。站在右侧的这位，其着装风格与半岛最北端拉普兰地区的服饰有关联。拉普兰的土著居民萨米人承袭传统，一般都穿毛皮服装，可以有效地对抗北极一带的极寒天气。及至 19 世纪，染料供应增多，可以随处购买，价格也变得可以承受，妇女们也便开始偏好更为色彩斑斓的衣着风格。编号 A377（奥古斯特·莱昂摄）

▲ **瑞典斯德哥尔摩，** 1910 年 8 月 23 日

这张斯德哥尔摩的照片，当然也是记录该城市风貌的最早的彩色照片之一，是在卡特琳娜电梯上取景拍摄；在电梯的观光平台上，可以一览斯德哥尔摩老城的景观。莱昂的照片显示出，有五座教堂的尖顶高耸而出，插入城市的天际线。最左边是骑士岛教堂（Riddarholmskyrkan），那里埋葬着瑞典的历代君王。右边起第三个，则是有 700 年历史的斯德哥尔摩大教堂（Storkyrkan）的钟楼。编号 A347（奥古斯特·莱昂摄）

▲ **瑞典达拉纳，** 1910 年 8 月 27 日
在达拉纳省拉特维克镇（Rättvik）与莫拉镇（Mora）之间的森林中，莱昂曾目睹村民们采摘蓝莓。直到如今，这一地区的人们依旧采摘这种水果，烹制蓝莓汤。这一地方特产经常被用来招待瓦萨越野滑雪赛（Vasaloppet）的参赛者。同类赛事中，这是世界上规模最大的，也极为累人，全程长达 56 英里（约 90 公里）；每年 3 月举办，参赛者达 15000 人以上。编号 A401（奥古斯特·莱昂摄）

◀ **瑞典莱克桑德（Leksand），** 1910 年 8 月 28 日

卡恩的摄影师们在布景场棚中拍摄的室内肖像照片为数甚少，而莱昂的这张照片是其中之一。画面中刚结婚的一对新人在莱昂的相机前摆拍留影；所借用的摄影棚则位于达拉纳省的莱克桑德附近。这里的新郎看上去衣冠楚楚，非常干净利落，但更吸引人目光的，是新娘的着装；她的紧身上衣前缀满了花环，装饰极为繁复铺张。既然是新婚，夫妇俩恰如其分地坐在一张情侣椅上，靠背的木板处被挖出了心形的孔洞。编号 A417（奥古斯特·莱昂摄）

▲ **瑞典拉特维克镇，** 1910 年 8 月 28 日

莱昂在达拉纳省的拉特维克镇遇到这些年轻人。他们身着礼拜日当天才穿的最好的服饰。这里的男生穿着 18 世纪风格的裤子，颜色通常是黄色或奶油色。女孩子戴着传统的小帽，身穿有连胸吊带的条纹围裙。这一当地服饰将拉特维克的女性与附近莱克桑德镇的妇女鲜明地区分开来，因为后者经常穿色彩明亮生动的黄色服饰，再配上花饰点缀的头巾。编号 A416（奥古斯特·莱昂摄）

▲ **荷兰沃伦丹（Volendam），** 1929年8月29日
埃丹（Edam）附近的小渔港，名为沃伦丹；这位渔家妇女与她的男同伴一起，在镜头前向人们发出问候。20世纪20年代期间，很多沃伦丹人都曾在荷兰最大的淡水湖埃瑟尔湖（IJsselmeer）中捕鱼，但及至更近时期，商业捕捞已经衰退，这个镇子的经济依赖于旅游业胜过渔业。**编号A61894（史蒂芬·帕塞特摄）**

▶ **荷兰海牙，** 1929年8月25日
海牙市内的西弗宁恩（Scheveningen），一个小贩在卖花。17世纪时，荷兰曾爆发“郁金香狂热”；最疯狂的时候，稀有品种的郁金香根茎能卖出比一栋房子更高的价钱。虽然这种狂热早已消退，但鲜花种植业仍然是该国有利可图的一项产业。如今，荷兰是世界上最大的鲜切花生产地；2007年鲜花出口的货值总额达到惊人的55亿欧元。**编号A71351x（局部细节图，史蒂芬·帕塞特摄）**

▲ **意大利威尼斯，**1912 年 10 月

这里是威尼斯的莫罗班迪拉市镇广场（Campo Bandiera e Moro）；一小群孩子的身后，是 14 世纪建成的格瑞提宫（Palazzo Gritti）。及至 1912 年，这栋大宅已被改造为酒店。随后的那些年月里，这里将迎来欧内斯特·海明威（Ernest Hemingway）以及几位英国王室成员这样的住客。编号 A4010（奥古斯特·莱昂摄）

▲ **意大利维罗纳，** 1918 年 5 月 16 日
此照摄于维罗纳（马焦雷的）圣泽诺（San Zeno de Maggiore）教堂的地下拱顶室。当时的光线很暗弱，这张正片的曝光需要长达一分多钟，才能将图像主体定格在显影板上。通过对玻璃彩色底板成像性能的极度发掘，当然还有在画面中的这位小女孩的配合（她以强大的毅力保持静止姿势）之下，库维尔这幅明暗对比强烈的作品营造出一种沉思内省的氛围，让我们回到宁静悠远的童年。这也是卡恩照片库中最迷人、最具魅惑力的作品之一。编号 A71243（费尔南·库维尔摄）

▲ **意大利塞尔瓦（Selva），** 1921 年 8 月 25 日
这种着装类型，特色体现在伊丽莎白女王时代式样的长袖子与蜂巢状的“黑宁”（Hennin）尖顶高帽上，这是提洛尔（Tyrol，现今奥地利西部与意大利北部交界处。——译注）妇女的典型装束。在“一战”以前，塞尔瓦镇是奥地利版图的一部分，但在 1918 年，意大利将此领土收为己有——这一变化让当地 90% 的人口都惶恐难安，因为他们在人种划分上属于日耳曼血统。编号 A28679（弗雷德里克·加德默尔摄）

▲ **意大利维琴察，** 1918 年 6 月 10 日
摄影师库维尔在威尼托行政区的维琴察拍下了这位年轻女子的面容。与大部分的意大利城市一样，在“一战”期间，维琴察几乎没遭到什么破坏，而在法国的类似城镇中，战争都导致了毁灭性的后果。于是，维琴察的大部分重要建筑，包括安德烈·帕拉迪奥（Andrea Palladio）所设计的那些杰作，都在战火中幸存，毫发无损。编号 A19398（费尔南·库维尔摄）

▲ 意大利锡耶纳， 1913 年 9 月 22 日

高约 102 米的曼嘉塔楼（Torre del Mangia）插入锡耶纳城区主广场坎波广场（IL Campo）上方的天空。著名的锡耶纳赛马节便是在这一城市举办。这一赛事已经举办了 350 多年，但无法否认的是，对参赛马匹与骑手来说，比赛都相当危险，因此也让该赛事成为舆论争议的话题。不过，比赛激动人心，场面壮观，富于戏剧性，因此成千上万的观众对争议不闻不问，每年如期而至。编号 A2570（奥古斯特·莱昂摄）

▲ **西班牙毕尔巴鄂，** 1917 年 5 月 29 日

此照是从城区东面高处拍摄，展示出毕尔巴鄂这座产业化城市的风貌。画面前景处的葡萄园，紧靠着著名的里奥哈（Rioja）酿酒葡萄种植区，而这个葡萄酒产区又是与巴斯克自治区（Basque）接壤。19 世纪末，由于根瘤蚜害虫疫情给法国葡萄园所带来的致命性破坏，波尔多的酒商纷纷涌入西班牙寻找新的供应渠道，因此急速刺激和提升了西班牙的葡萄酒产量。编号 A10948（乔治・谢瓦利埃摄）

▲ **西班牙毕尔巴鄂，**1917 年 5 月 29 日
毕尔巴鄂的巴斯克自治区，被当地人称为"Euskal Herria"（巴斯克语）；来自这一地方的两位小朋友，在镜头前搭肩留影。他们出生与成长的阶段，正是巴斯克民族主义萌芽与兴起的时期：1895 年，一个新的政治运动组织——"上帝与旧法之友巴斯克党"（简称"EAJ"）成立，致力于争取巴斯克的独立，试图脱离西班牙。如今，这是该地区最强有力的党派。
编号 A10963 （乔治·谢瓦利埃摄）

▲ **西班牙格拉纳达，**1914 年 6 月 30 日
安达卢西亚地区的格拉纳达，这位吉卜赛女舞者的衣饰行头非常艳丽。西班牙南部的吉卜赛人是弗拉明戈舞的创始者。在格拉纳达，"圣山"（Sacromonte）山坡上吉卜赛人聚居的洞窟中，这些人经常会举办纵情狂欢的舞会，表演激情四射。不幸的是，1962 年那场狂暴离奇的洪灾之后，这些洞窟大部分都被遗弃了。随着时光流转，很多洞窟又渐渐得到了修复，如今成为卡巴莱歌舞厅，是弗拉明戈舞的展示舞台。
编号 A4532 （奥古斯特·莱昂摄）

▲ **瑞士萨尔嫩（Sarnen），** 1921 年 4 月 24 日
位于卢塞恩西南的小城萨尔嫩，这里正举办一场街头游行；男子们身穿极具特色的民族服饰。这种服装风格的源流可上溯至久远的历史时段——1291 年，瑞士从哈布斯堡王朝日耳曼人的统治下获得独立。萨尔嫩保存有流传至今的最古老的历史年代记文献，该文献描述了瑞士人的自由独立，而这一文本又是威廉·泰尔（William Tell）英雄传奇的主要来源依据。编号 A26674 （弗雷德里克·加德默尔摄）

▲**瑞士卢塞恩（琉森），** 1911 年 9 月
卢塞恩位于瑞士中部。这张照片记录了当年的市容景观，拍摄者的位置很可能是站在保存状态良好的卫城城墙上。流经城区的是瑞士最大的河流之一，鲁斯（Reuss）河。此河发源于卢塞恩湖（图中后景处即为该湖）。编号 A5978 （奥古斯特·莱昂摄）

◀ **德国鲁尔区，** 1921 年 5 月 14 日
这是一幅令人侧目、一见难忘的工业场景。在加德默尔拍下此画面之前的那 70 年间，鲁尔的人口增加了几乎 10 倍。正如这里烟囱密布的地貌景观所表明的，快速的工业化已经彻底改变了这个地区。在四通八达的运河运输网络的支持下，鲁尔迅速成为德国经济的引擎。编号 A26912 （弗雷德里克·加德默尔摄）

▲ **德国鲁尔区，** 1923 年 10 月 23 日

这里很可能是位于盖尔森基兴附近、卡斯特罗普-罗克塞尔（Castrop-Rauxel）市的那家维克多-艾克恩（Victor Ickern）焦煤厂。有众多类似的工厂在这一带开办，因为这里有世界上最大的一处煤田可资利用。1923 年，法国军队占领此地，将之转化为德国战败之后的战争赔偿。但当地工人们组织了一场消极抵抗的怠工运动，让几乎所有的工业生产都陷于停顿。编号 A40099（弗雷德里克·加德默尔摄）

▲ **德国奥伯费尔登（Oberfelden），**1912 年 8 月 18 日

镜头前站立的村民，身后背景是与人相比之下极为宽敞高大的房屋。这些一半是木头结构的村屋位于奥伯费尔登，在纽伦堡以西大约 40 公里处。这种地方特色浓重的传统屋舍的建筑方法，在北部欧洲的很多地方都有采用，其中包括法国、丹麦和英国。但世界上其他地方，尤其是古代日本，在较早时期也曾采用类似的建筑技术。编号 A4128（奥古斯特・莱昂摄）

2 美　洲

1908年11月13日，是个周五。这一天，卡恩的司机阿尔弗雷德·杜特雷忧心忡忡。在巴黎的圣拉扎尔火车站到瑟堡（Cherbourg）终点站这段旅程之间的某一处，托运工人将他的行李放错地方了。而瑟堡，将是他生平第一次踏上横跨大西洋航程的起点码头。在他那下落不明的行李中，是一些极其重要也非常昂贵的设备。好在，令人高兴的是，那天晚上十点钟之前，他与失踪的箱包们又重逢了。也正是这个时刻，"亚美利加"号轮船将驶出港口，滑过拉芒什海峡（也即英吉利海峡。——译注）的水面，一路向西，开往纽约。

一个月之前，卡恩告诉杜特雷一个令人兴奋的消息，说这位司机要陪同他的主人，来一趟环球航行。接下来，在出发前的那几周内，杜特雷为他们的行程做了广泛而充分的准备工作。10月中旬，卡恩让他去购置了一台百代公司的胶片摄像机，外加3000米长的电影胶片，还有一台理查德牌（Verascope Richard）的小型相机，以及4000张玻璃成像底板。玻璃板大多数都是黑白的，但杜特雷也设法弄到了卢米埃尔兄弟那最新科技发明的一些样板成品：几百张玻璃干板彩色正片。

此前，卡恩还将这位23岁的司机送去著名的百代电影公司学习摄影摄像课程。8月和9月，杜特雷曾拿着卡恩的相机进行练习，在巴黎以及周边地方拍照。

登上"亚美利加"号之后的航程持续了八天。这期间，杜特雷为自己所接受的训练派上了好用场。在甲板上玩游戏消磨时间的旅客，晨间举办演奏会来娱乐乘客的随船乐手，都成了他拍摄的对象。他还试图用卡恩的留声机式录音机器来记录下船上的各种声音，但他的努力毫无成果，因为11月的大西洋浪涛汹涌，按照他日记中所述，"录音针在唱盘蜡面上粗暴野蛮地胡乱移动"。

11月21日，周六，"亚美利加"号停靠在了纽约的码头。入境处官员安排他们接受检查，并将行李打开验视，然后，卡恩与杜特雷住进了曼哈顿第五大道上的圣瑞吉斯（St Regis）酒店。

▲ 1908年11月，"亚美利加"号蒸汽轮船在驶往纽约的航程中。底层甲板上簇拥着大量的移民。编号N126（阿尔弗雷德·杜特雷摄）

◀ 1926年5月，这位加拿大女牛仔，戴着鹿皮手套，还有汤姆·麦克斯（Tom Mix，西部片明星。——译注）风格的帽子，在卡尔加里附近的一座牧场上，照看着她的阿帕卢萨（马匹种群名。——译注）坐骑。编号A49074（局部图，弗雷德里克·加德默尔摄）

▲ 在纽约，杜特雷拍摄了若干黑白照片，其中一张是曼哈顿的第一座高楼，21 层的熨斗大厦。该楼建于 1902 年。**编号 N161**

接下来的三天，杜特雷走上街头，在北美洲这座最生机勃勃、令人兴奋的城市里，到处拍摄。

就在他们到达纽约大概六周之前，也即 1908 年 9 月 27 日，史上第一辆 T 型汽车开下了亨利 · 福特在底特律工厂的生产线。但根据杜特雷街景照片所显示的，到那时为止，机动汽车在纽约只有很微小的影响，数量极少。除了拍摄纽约最著名的那些地标景观，比如布鲁克林大桥、百老汇、中央公园、华尔街，杜特雷还出品了好几张更具有活力的照片（主要是黑白照），捕捉到构成这座城市街头生活鲜明特质的那种生机和动感能量。他对纽约的建筑显然相当迷恋，尤其是曼哈顿岛上那些巍然高耸、插入天空的壮观高楼。

11 月 26 日，周四，晚上九点之前，这两位旅行者登上一趟快速列车，向北部去往布法罗。从那里，他们搭乘汽车，向尼亚加拉瀑布进发。卡恩与杜特雷跨过了国界，进入加拿大境内，因为他们认为在这一侧看到的瀑布景观最好。尼亚加拉瀑布是北美洲的自然奇观之一，而杜特雷所拍的玻璃干板彩色正片，属于这一景点已知最早的实色彩照。

感恩节的这一天，两位法国人抵达他们预定行程中的下一站，芝加哥。他们心怀好奇，急于看到已经拍好的照片，所以指望着能尽快冲洗出几张底片，但必需的材料却无处购买——正巧赶上节日，商店都歇业了。在他们看来，这一遭遇肯定尤其令人失望，因为就在一年前，世界上最大的百货公司在芝加哥开业了。百货公司位于国政街（State Street）那 12 层高的马歇尔—菲尔德大厦中，以富丽堂皇的店堂天花板造型而名噪一时：由蒂凡尼珠宝的设计师雅各布 · 霍尔泽（Jacob Holzer）操刀，用 120 万片发出五彩绚丽反光的玻璃镶嵌构建而成。这栋大厦无疑是当年北美洲商业建筑的标志性典范，但由于放假暂停营业，卡恩与杜特雷只好退而求其次，将就着去看了看芝加哥商业生活中更为平凡、更接近日常民生的一面——他们去这座城市的几处屠宰场逛了一圈，而就在两年前，厄普顿 · 辛克莱尔（Upton Sinclair）出版的小说《丛林》，便描绘了这一产业。

随后，他们踏上了下一趟列车，往西部行驶，穿过伊利诺伊州与爱荷华州，奔向奥马哈市。在火车尾部的一个观景平台上，杜特雷对着那因落雪而变白了的大草原，练习使用那台电影摄像机。这段旅程当中，他几乎没拍什么彩色照片。可以想象的是，他大概认为，用那么昂贵的彩色感光底板去拍摄那白花花一片的空茫地貌，未免太浪费了。两位旅行者抵达奥马哈时，是 11 月 27 日，恰逢杜特雷 24 岁的生日。他们从那里继续向前，赶往加利福尼亚。在日记中，杜特雷记述道，11 月 28 日当天，外面的气温是 -15℃，田野都被覆盖在白雪之下。但美国的气候如此多样化，在其后一天的日记中，他写道：

11 月 29 日，周日。雪的踪迹已经隐匿不见，但我们正在穿越一座沙漠，没有任何植被，没有生命的迹象。大约下午两点钟，雪又再次出现。我们开始往内华达山脉高处攀爬。铁路轨道线就建在山腰边上。为避免雪崩或山石崩落所造成的危害，有好多公里，铁路都是从隧道经行，或者在山坡上方铺设防护板。风景壮丽非凡。然后，我们开始下行，来到山脉的西边。景色迅速发生了改变，雪消失了，我们看到了有人类居住的最初迹象，看到人工种植的橄榄树、棕榈树、葡萄园，等等。火车穿过萨克拉门托，在九点钟抵达了旧金山。我们来到费尔蒙（Fairmont）酒店入住。这是一栋华丽的建筑，经过了重建。1906 年 4 月 18 日的大地震摧毁了旧金山，并引发火灾，酒店原来的房子被烧塌了。

杜特雷所拍的旧金山彩色照片，没几张得以留存，但保存下来的那些，构成一份珍贵稀有的实色彩照记录，再现了北美洲史上一次最严重的自然灾害所造成的后果。正如他的影像所显示的，已经过去两年多了，这里还未能完成必要的重建，而此前的那场大灾难，夺去了至少 3000 人的生命，并将该城市 80% 以上的建筑都破坏殆尽，沦为废墟瓦砾。在城中某一区域，美国军

▲ 整个旅程途中，杜特雷都充分利用火车到站停靠的间歇，拍下了美国大草原地区的建筑，而这些作品正是已知最早的同类题材彩色照片当中的一部分。编号 D4137

队修建了总共 5500 多座临时房屋，供多达两万的地震难民居住。及至 1908 年 11 月，很多人已经找到新家安顿下来，但依旧有巨量的重建工作要去实施——旧金山的市政厅甚至还仍然倒伏在废墟之中。地震还会对加州的未来产生一个重大影响：旧金山原来享有突出地位，是太平洋一侧美国西岸的文化中心与商贸港口；其核心都市功能的主要竞争者便是洛杉矶；震后，随着商业机构与人们将投资连同他们自己一起向南转移，去往洛杉矶，旧金山也就优势不再，逐渐地输了。

12 月 1 日，卡恩与杜特雷离开了饱受自然重创的旧金山，登上排水量为 1.3 万吨的“蒙古”号轮船。此船的最终目的地是日本港口横滨，但大部分乘客（至少，头等舱的那些旅客是这样）都计划在第一个中途停靠港——夏威夷瓦胡岛

▲ 1906 年的地震让旧金山沦为一片残垣断壁；这里的一块广告牌看似在灾难中幸存了，没有像曾在它四周挺立的那些房屋一样遭此劫难。编号 D4128 （阿尔弗雷德·杜特雷摄）

的首府火奴鲁鲁——便下船。

19 世纪末，由于内部政治分歧和权力争夺，再加上美国近乎毫不掩饰的帝国主义式的策略干预与操控，夏威夷传统的君主制已经受到动摇。1893 年，当地的美国与欧洲种植园主组成联盟，发动了一场军事政变，夏威夷的女王利留卡拉尼（Liliuokalani）退位，放弃了政权。随后的五年之内，美国官方正式吞并了夏威夷；1900 年，这里成为美国的一处离岸领土。1902 年，商人与项目推广人 W.C. 威登（W.C. Weedon）在旧金山举办过一系列长时间的介绍和宣讲会。他对"夏威夷那些美妙不凡的人儿与绝美地貌"加以生动描述，成功劝服了每年两千名左右的旅行者去岛上观光。而与卡恩同船的很多美国乘客，有可能就属于被威登的宣传给引诱，最早去了夏威夷的那一批次群体。

"蒙古"号泊岸后，杜特雷看到年轻的夏威夷土著潜入海水，去捞取船上乘客扔下去的硬币。轮船在此停靠的时间相当短暂：两位法国人仅有 19 个小时来探访这处海外"仙境"。他们雇了一辆车，设法完成了对夏威夷几个主要景点的匆忙观赏，分别是一座旧皇宫、水族馆、日本人聚居区、市场、火山活动带和火奴鲁鲁最知名的瓦基基沙滩。既然时间如此仓促，杜特雷似乎打定了主意，不在此地耗用他的玻璃干板彩色正片。事实上，他拍摄的夏威夷照片，留存下来的也只有寥寥几张，而且全是黑白照。

12 月 2 日上午十点钟，卡恩与杜特雷重新登上了"蒙古"号，继续他们的航程，开向日本。距离最终完成环球旅行、回到他们心爱的法兰西，还有三个月的行程在前方等着这两人。

不过，卡恩对美洲各国生活与文化的兴趣并未减弱。1909 年 8 月，在他结束首轮"世界环游"之后仅仅五个月，他再次横渡了大西洋。这一次，他向南航行，去往巴西、阿根廷与乌拉圭；并且，杜特雷这位忠实的"路路通"兼"万事通"被他留在了家中。这趟旅行中取代杜特雷的那位摄影师，其身份尚无定论，但有坚实的偶然性旁证提示我们，陪同卡恩的是他为自己的"星球档案"项目所招募的第一位全职专业摄影师。

奥古斯特·莱昂来自波尔多，此前从事明信片图片摄影。1909 年，他加入了卡恩那尚处于萌芽期的项目。那年夏天，在法国中部的多姆山省区，他为卡恩拍摄了最初的一组作品。尽管不能绝对确定，但所有迹象都表明，卡恩这次跨越大西洋时，是莱昂陪同他登上了"康尼格—弗雷德里希"（Köig Fcidrich）号轮船：不仅因为当年他是卡恩雇请的唯一专职摄影师，而且在横渡

▲ 1909 年 8 月，在瓜纳巴拉海湾填海造地新修的贝拉马尔海滨大道（Avenida Beira Mar），几乎完全没有交通与人流。如今，这里是里约最繁忙的马路之一。编号 A69840 （应为奥古斯特·莱昂摄）

◀ 1909 年，开往南美洲的“康尼格-弗雷德里希”号轮船上，乘客中有一位男士（图中右边）的体貌与奥古斯特·莱昂极为相像。A69596

大洋的船上所拍的一张照片中，看上去就是莱昂（见本页左上图中右侧）本人现身。

关于卡恩的“拉丁美洲之旅”，已知信息很少，但旅程中所拍的那些照片显示出，他最主要的兴趣点是巴西。尽管他们在乌拉圭与阿根廷拍了无数的黑白影像那种早期的立体视觉照片，但却只有巴西城市里约热内卢与皇城彼得罗波利斯（Petrópolis）才得到了全彩照片的礼遇。

卡恩的里约彩照是属于这份影像档案中最令人诧异惊讶的那一部分。里约是世界上最为绚丽多姿的城市之一，而卡恩的照片则是这座城市已知最早的一些实色全彩记录。但照片中呈现出的风貌却几乎让人无法认出是里约，因为如今我们印象中的里约激情四射、生龙活虎。1909 年的里约，是巴西的首都，也是该国人口最多的城市。但在这些彩照里面，人行道与大街都是空的：有些街道现在是里约最繁华拥挤的地方，而那时却没有汽车、游客，甚至没有本城居民——也即因桑巴舞而闻名的卡里奥克人（里约人的别称。——译注）。

这一趟旅程，是卡恩最后一次与摄影师们一起远赴美洲采风，但在后来的年月里，他的摄影师们还将独立行动，有更多横跨大西洋的行程。1922 年，“星球档案”邀请勇敢无畏而又不知疲倦、精力无限的电影摄像师卢西恩·勒·桑（Lucien Le Saint，1881—1931）加入一群法国渔民，踏上长达 4000 多公里的航程，去往纽芬兰岛海岸附近的渔场捕捞作业。勒·桑随行所拍的系列影片是一部杰作，以充满同情的态度，通过大量近距离的细节来深入呈现渔夫们的日常状态，展示船上成员所经受的严酷、艰辛的工作环境。这些渔民让人联想到皮埃尔·罗迪（Pierre Loti）出版于1886年的小说《冰岛渔夫》中所描述的布列塔尼渔夫的生活。这组影片与一部同样发行于1922年、但名声要更为响亮的纪录片《北方的纳努克》也有很多可堪媲美之处；而后者是美国先驱电影人罗伯特·弗拉厄迪（Robert Flaherty）的作品。

勒·桑是电影摄像专业人士，在这趟远游中，他没有拍下任何的静态彩色照片。但四年之后，当让·布吕纳与弗雷德里克·加德默尔结伴，于1926年3月开始了为时三个月的加拿大穿越之旅，卡恩便又得以往其影像档案库中的北美洲部分增加了更新的彩色照片。

探访了蒙特利尔、尼亚加拉、温尼伯与里贾纳之后，两位旅行家于5月6日抵达萨斯喀彻温省的穆斯乔（Moose Jaw）。如今，这座城镇是外省小城规范得体生活的一个范例，但在1926年——那时正是美国禁酒年代的中间期，这里则是臭名昭著的走私犯大本营，一个跨境贩售私酒的中心站。据信，黑道大佬艾尔·卡彭（Al Capone）曾定期光顾此地。外界猜测，城里的好几处妓院与赌场都有他的投资股份。这些玩乐场所集中在“河流”街上，相互毗邻。到达这里的那天，加德默尔便拍摄了这条街道。

穆斯乔的地下经济还有一个物理实体层面上的表现形式。20世纪80年代，在城市中心区下方，人们发现了一个纵横交错、分布广泛的地道网络。人们推断，20世纪20年代期间，那些黑帮狂徒无疑利用过这些地道。不过，地道的挖掘修建要远早于禁酒令实施的年代：19世纪早期，设计城市供暖的工程师们建造了这个地道网，以便在冬季能够顺利运送燃料，因为那时这里的户外温度甚至能降到-40℃。到了加德默尔将他的镜头对准城中的街道之际，这些地下通道已经成为很多中国移民劳工的居住和存身之所。他们之所以住在地下，目的是为了能逃避一项恶意的“人头税”——加拿大政府决心遏制来自亚洲的移民潮，因此强征这一税种。

5月9日，加德默尔与布吕纳到达行程的下一站，卡尔加里。就在此前的一年，位于特纳河谷附近的一座大油田被发现，而这一新油田已经开始改变卡尔加里的经济前景。不过，看起来，两位法国旅行者对此地传统文化的迷恋，至少与对当代社会变化的兴趣一样大。在近郊的落基牧场（Rocky Ranch），他们拍摄了特别古雅别致的一系列彩照：牛仔与女牛仔们身穿佩饰丰富的皮马甲与皮套裤，戴上皮手套，在镜头前配合地摆出姿势。

进一步远游寻幽，造访了埃德蒙顿与西岸的温哥华之后，两人转头向东，去往最后一站——班夫。在那里，跟他们在这次加拿大探险漫游途中的其他地方一样，加德默尔主要关注的还是加拿大的自然地貌；他用照片记录下这些切近观察的成果。这些彩照中，人类对实在地理空间的影响也有所表现，比如有几幅令人眼前一亮、印象深刻的城镇景观照，还有一些生动形象、引人入胜的图景，展现了加拿大的传统与现代文化；尽管如此，但总的来说，加德默尔的北美专辑中所包含的具有活生生人类行为的影像，相对而言

▲ 坐落于穆斯乔“河流”街西段的布伦斯维克（Brunswick）旅店（图中左侧），被认为是通向地道网络的一个入口，而地道曾被用来服务于赌博业和私酒贩运；摄于 1926 年 5 月。编号 A48933（弗雷德里克·加德默尔摄）

还是少之又少。相反，他把创作重点都放在了“北方白色大地”上。他的加拿大影集中，真正的主角是那些巍峨庄严、凛然矗立的山峦，那原始森林间的松树，那清澈透明的湖泊，还有那美妙的、晶莹剔透的冰雪。这些照片中，人类的存在已经被边缘化，被忽略了。加德默尔所呈交的，是以照片形态传达的一片敬意，献给加拿大的无边莽原，那史诗般的恢宏壮美，那亘古延续的自然尊荣。

◀ **美国纽约，**1908 年 11 月
纽约的广场酒店，位于中央公园南路与第五大道交界的街角。这 19 层的城堡式建筑，在杜特雷拍下此照片的一年前开业，当时在该地域鹤立鸡群。一百年持续不断的开发之后，曼哈顿中心城区的高楼鳞次栉比，这栋楼如今已经沦为侏儒。但广场酒店与另一家大饭店一起，成为纽约仅有的两间享有官方认定的“全国性历史地标建筑”称号的酒店。编号 D4033（阿尔弗雷德·杜特雷摄）

▲ **美国尼亚加拉瀑布，**1908 年 11 月 25 日
杜特雷的尼亚加拉瀑布玻璃干板彩色正片，属于北美洲这一自然奇观最早的彩色照片之一。就在这张照片拍摄的三年前，为了控制瀑布落水界面后缩（极速奔流的河水侵蚀底部基岩而导致）的速度，采取了人为干预的措施。而在那之前，瀑布界面每年往上游方向移动的距离将近两米之多。编号 D4070（阿尔弗雷德·杜特雷摄）

▲ **加拿大温哥华，** 1926 年 5 月 22 日

这幢令人肃然起敬的气派楼宇，便是温哥华大酒店，位于乔治亚街与格兰维尔街交叉的拐角处。此楼建于 1887 年，也即温哥华大火灾吞噬了千百栋屋舍之后的一年，因此符合最新的消防规定：所有楼宇必须是砖砌或用石头建成。这间酒店倒是从未在火中被烧毁，但它最终在房地产开发商面前俯首称臣了——20 世纪 30 年代，酒店被拆毁。编号 A49169 （弗雷德里克·加德默尔摄）

▲ **加拿大卡尔加里，**1926 年 5 月 13 日

在阿尔伯塔省卡尔加里附近的一座牧场上，加德默尔为这些牛仔留影。该省有着面积广袤的农场土地——威尔士亲王（也即后来主动退位的国王爱德华八世）在这里拥有占地 2400 多公顷的 E.P. 牧场，因此也为成千上万的牛仔提供了工作机会。现在，2/3 的阿尔伯塔人口都是城市居民，但在乡村地区，牛仔仍然扮演着重要角色；在卡尔加里每年一度的牛仔竞技节上更是如此。编号 A49044 （弗雷德里克·加德默尔摄）

◀ **加拿大温哥华，** 1926 年 5 月 23 日

在温哥华的史丹利公园中，加德默尔发现了三根壮丽的图腾柱。左侧是瓦卡斯酋长（Wakas）的图腾，最上端是一只翅翼张开的雷鸟；中间的柱子是为西撒–考拉斯酋长（Sisa-Kaulas）而立；而最右边，是一根房屋立柱，在传统印第安大屋中用来支撑屋顶。这些图腾柱都是夸夸卡瓦克部落里的人（Kwakwaka'wakw，通常称为夸扣特尔人 / Kwakiutl）制作；这一土著群落居住于温哥华岛与不列颠哥伦比亚省大陆的部分区域。编号 A49179（弗雷德里克 · 加德默尔摄）

▲ **加拿大路易斯湖，** 1926 年 6 月 6 日

落基山脉在加拿大境内的那些壮观山峰环抱着位于阿尔伯塔省的路易斯湖。湖面海拔 1700 多米，水源是来自维多利亚冰川的融水；冰川水是顺着照片背景处的山体注入湖中。加德默尔到达此地时，这里基本上还不为人知，纯然天成，未曾有什么开发，但这一区域如今已是加拿大首选的一处滑雪胜地。编号 A49296 （弗雷德里克 · 加德默尔摄）

▲ **加拿大蒙特利尔，**1926 年 4 月 11 日

在蒙特利尔近郊，加德默尔与布吕纳探访了这座城市最古老的房屋之一。此屋建于 1720 年左右；当时，殖民者正将土地分配给从法国到来的新移民，因此蒙特利尔也迎来了其最初的一次房地产繁荣期。这一时期建成的很多房屋后来都不幸沦为废墟：1765 年 5 月，一场肆虐的大火摧毁了蒙特利尔。编号 A48669（弗雷德里克·加德默尔摄）

▶ **加拿大蒙特利尔，**1926 年 4 月 13 日

乔治·瓦尼尔（Georges Vanier）上校与夫人宝琳·瓦尼尔（Pauline）站在一门德国军队的榴弹火炮旁。1918 年后，德军野战炮被收缴，加拿大军队将其中 500 多门作为战利品运回北美。乔治·瓦尼尔是一位功勋英雄，创立了著名的皇家 22e 军团（成员大多来自加拿大法语区；这一战斗团的昵称为“反斗士”/ Van Doos：22 在法语中是 vingt-deux，被故意变音说成 Van Doos），但他于 1918 年在法国切勒西（Cherisy）的战役中失去了右腿。上校后来成为杰出的外交家，并于 1959 年当选为加拿大总督：第一位加拿大本土出生、讲法语的总督。“一战”期间，宝琳·瓦尼尔是军中护士，其一生很多时间都奉献给了社会事业。20 世纪 40 年代期间，她与丈夫都不辞劳苦地进行活动，为逃离纳粹迫害的犹太难民提供帮助。为褒奖他们的人道主义成就，罗马天主教会将瓦尼尔夫妇列入提名，可享宣福礼荣耀。编号 A48688（弗雷德里克·加德默尔摄）

▲ **巴西佩特罗波利斯，**1909 年 9 月

里约热内卢以北约 65 公里的群山之间，有一座佩特罗波利斯皇城。之所以如此命名，是因为这里是巴西的孩童皇帝佩德罗二世于 1845 年修建其夏季行宫的地点。画面右侧是皇城火车站的小广场，但 1964 年，连接这里与里约的火车运行线路被停掉了。编号 A69853（很可能由奥古斯特·莱昂摄）

▲ **巴西里约热内卢，**1909 年 8 月

前景中这些人身后的小山之间，宁静地散布着里约一处郊区圣特雷扎（Santa Tereza）的房舍。这里的人们有可能是里约最早的一处贫民棚户区的居住者。1897 年，巴西北部有过一场打击分裂主义武装势力的战争；战后被遣散的士兵们便开始在里约周边山坡上建起了棚屋。如今，里约的总人口有 600 万多一点儿，其中 1/6 就是住在贫民区棚屋内。照片中的有些成年人也可能是重获自由的奴隶，因为巴西在 1888 年才废止了蓄奴制度，距这张照片拍摄仅仅 21 年。编号 A69819（很可能由奥古斯特·莱昂摄）

3 巴尔干半岛

1912年10月，奥古斯特·莱昂与布吕纳开始去实施“档案”项目的第一个工作计划：赴巴尔干拍摄。他们到达那里时，正是土耳其奥斯曼帝国的权威行将瓦解的阶段。巴尔干地区的种族相当多样化，是奥斯曼帝国这一政治体将他们连缀维系在一起。随后的两年内，两次巴尔干战争（分别发生于1912年与1913年）将会把塞尔维亚人、保加利亚人、马其顿人、黑山人、阿尔巴尼亚人、罗马尼亚人、希腊人与土耳其人都搅和锁定在冲突之中，相互野蛮厮杀，伤亡惨重，令人震骇。整个半岛地区，民族主义者都感觉到，他们长期珍藏的希望与梦想，各自国家的独立与自决，有了实现的可能。于是，无数的民众被调用加入战事。仅保加利亚一国，就有约50万人被动员起来，投入战争，而这已经占其成年男性总人口的1/4。

不过，当莱昂与布吕纳在1912年10月穿越波斯尼亚与克罗地亚时，他们却并未在心中设定一个预先考虑的（或起码说是明确的）意图，并未说是要去做图片新闻性质的采访。他们的目标实则是想记录这一地区的地理与民族学综合构成中的那些特质鲜明的方面。但这一想法要操作起来，远远不是那么简便和容易的。这一历史节点上，巴尔干半岛是一盆“什锦水果杂拌”，大杂烩——不同的民族共享着同一处地理空间，参差多样的文化“水果”拌成一道沙拉，混乱又令人困惑。

奥斯曼帝国统治了巴尔干的大多数地区，尽管对很多地方的管理类似于远程控制，而且干预力度也相对轻微，但在帝国这一统一的旗号下，大部分的种族、民族与宗教方面的抵触与紧张情绪都被克制或约束住了。但是，到了1912年，帝国的权威已然日益式微衰减：整个巴尔干半岛上，民族主义者都预期或等待着奥斯曼帝国统治的分裂与瓦解。欧洲的那些强国对巴尔干地区动荡裂变的可能性也相当敏感与关切，马其顿发生的种种事件是它们首要的关注点之一。让·布吕纳本人断言：“巴尔干各国的命运，必然是由马其顿的变故来决定。”他的这个看法不仅恰合时宜，而且极富洞见。

那年秋天，布吕纳与莱昂离开了巴尔干，但第二年的春天，他们又重返该地区。1913年的4月到10月底，两位旅行者带着卡恩的相机走遍了正在上演巴尔干裂变这一戏剧的几乎所有舞台：塞尔维亚、马其顿、土耳其、希腊、阿尔巴尼亚与黑山。而且，在半岛历史上这一决定性的关键时刻，为卡恩在此地区执行拍照使命的摄影师，并非只有莱昂一人。

1913年9月，也即第二次巴尔干战争开始之后仅仅三个月，勇敢无畏的摄影师史蒂芬·帕塞特（1875—约1943）便抵达了希腊港口城市萨洛尼卡（Salonika）。对奥斯曼帝国统治在欧洲的终结，希腊与塞尔维亚都功不可没，保加利

◄ 戴着装饰繁复的新娘般的头饰，身着丝绒的背心与风格明艳华丽的蕾丝流苏裙子，这些配合拍照的妇女是希腊科孚岛（Corfu，即克基拉）的居民；摄于1913年。编号A66626（局部细节，奥古斯特·莱昂摄）

▲ 马其顿的少数族裔，阿尔巴尼亚人族群的成员，在曾是希腊人占领地、更久前则为保加利亚一皇家都城的奥赫里德（Ohrid）留影；摄于 1913 年 5 月 20 日。
编号 A2097 （奥古斯特·莱昂摄）

亚也同样贡献巨大——三国曾属于同一联盟阵营。不过，因对第一次巴尔干战争所达成的协约不满，希腊与塞尔维亚随即结成新伙伴，来携手对抗此前的盟友保加利亚。一系列的小规模交锋之后，保加利亚武装袭击了希腊与塞尔维亚驻扎在马其顿的军事力量。反击极速启动，并且相当暴虐野蛮。希腊人与塞尔维亚人，在土耳其和罗马尼亚军队的支持下，在长达一个月的疯狂报复中，恣肆纵情于血流成河的洗劫抢掠、大屠杀与骇人兽行。在保加利亚的色雷斯和马其顿，常常是整个村镇被赶尽杀绝，沦为死地。仅仅四周的战事期间，据估测，总共有约六万人毙命。

萨洛尼卡是希腊控制下的马其顿领土范围内最重要的城市，也是海岸门户通道。这一港市的终极命运构成一个令人沮丧悲哀的例证，表明该地面临着怎样复杂混乱的分裂解体局面，而这种动荡瓦解的进程将发生在整个巴尔干区域。在奥斯曼统治期间，萨洛尼卡——如今通称为塞萨洛尼基（Thessaloniki）——是众多穆斯林以及讲希腊语和匈牙利语的正教基督徒的家园。但那里最大的少数族裔群落是犹太人，他们绝大多数是西班牙系犹太人。大约四个世纪之前，以宗教裁判所之名而发起的迫害浪潮不可遏止，西班牙“宽宏大量的天主教国君”斐迪南与伊莎贝拉，将这些犹太人驱逐出境；他们遂流亡至萨洛尼卡安顿下来。

完全可以猜到，两次巴尔干战争既然导致了深广的动荡与混乱，肯定就有大量的人口背井离乡、逃避战乱：这是现代欧洲历史上规模最大的人口迁徙运动之一，估计有 80 万人左右参与其中。帕塞特带着相机与摄像机深入一处难民营，那里暂居了成百上千的穆斯林，而整个半岛地区流离失所的穆斯林总人数则在 40 万以上。他的短片与彩色照片记录了逃难人群的悲惨命运。这一幕“出埃及记”式的大流亡，一路脏污不堪、凄惨无比，其中大多数人都奔向萨洛尼卡，希望能在那里找到安全的船只，经海路前往土耳其。不可避免地，难民营中的生活环境极为糟糕，肮脏程度近于致命。在写给布吕纳的一封信中，帕塞特描述道：“这些不幸的人们一无所有。现在又是一年中烈日烤焦大地的时节，他们无法再找到食物。霍乱在那里横行无忌。希腊当局看似未曾意识到情况有多严重。如果不采取认真有效的措施，恐会爆发可怕的流行疫情。”

随后的 10 年间，穆斯林移民人口先后逃离了萨洛尼卡。再过 20 年之后，这座城市中的犹太人也将消失：1941 年，纳粹占领这里，城中至少 90% 的犹太居民遭到灭绝。这里曾经是世界上犹太人丁最兴旺的城市，而它曾经的市民，其中大多数却并未能在希腊走完生命之旅，而是殒命于奥斯维辛。

两次巴尔干战争本身就已足够恐怖，但它们引致的动荡与流血杀戮，却只是预言了有规模甚至更大的流亡与更为骇人的苦难将会到来。早在纳粹实施那地狱般可怖的罪恶图谋之前，卡恩的档案已经记录下那种大范围人口逃亡所伴随的凄惨景象，而这便是 1919—1922 年发生在希腊与土耳其之间的那场战争所带来的后果。

第一次世界大战之后，在巴黎和会上，英国，具体来说就是首相大卫·劳埃德·乔治，声明其赞同（并支持）希腊的意向：运用武力，将希腊确立为巴尔干地区最强大的政权。英国的承诺为希腊壮了胆，总理伊勒夫瑟雷奥斯·维尼泽洛斯，对劳埃德·乔治的话信以为真，希腊军队于是被派出进驻安纳托利亚半岛的主要海港士麦那，也即如今的伊兹密尔。维尼泽洛斯自己还未意识到，但在事实上，他此举等于是发起了一场灾难性的冒险，将会让千千万万的希腊同胞死于非命，让他的军队一败涂地，让他祖国的地理疆域大幅缩水，当然也让他的政治生涯沦于耻辱的废墟。

1919 年 5 月，希腊人从土耳其人手中将士麦那收归己有。此后是差不多长达两年时间的外交斡旋，摇摇摆摆，犹豫不决，但毫无结果。最终，希腊军队先发起了攻势。起初，希腊人获得了一些可圈可点的进展，战绩颇丰，但很快，他们便发现自己的战线拉得过长了，形势大为不利。到了 1922 年夏天，在具有出色个人魅力的穆斯塔法·凯末尔（今日以阿塔土耳克之名更为人所知）的率领下，土耳其人在战局中开始逆转，

▲希腊总理伊勒夫瑟雷奥斯·维尼泽洛斯（Eleuthérios Venizélos，图左）；摄于1919年1月。土耳其共和国创始人、国父凯末尔（图右）；摄于1922年12月。左图编号A15143（奥古斯特·莱昂摄）右图编号A37088（弗雷德里克·加德默尔摄）

逐渐处于上风。

8月26日，土耳其人发起攻势。希腊军队溃败，成为一群失去秩序的乌合之众，开始了600多公里的混乱逃窜，一路向士麦那撤退。尽管慌乱无序，可他们还是设法让追击者减慢了速度，所用的手段就是在沿途纵火点燃了几十座土耳其村庄。希腊人的这一战术必然激怒了他们的敌人。土耳其人很快就将实施凶暴可怕的报复。

为了躲避追杀而来的土耳其军队，连续两周，希腊与亚美尼亚平民都如潮水般涌入士麦那。阿塔土耳克的人马杀到之前，希腊军队的大多数都设法登上了逃命的舰船。然而，对那些倒霉的难民而言，跨海逃亡几乎是不可能的。9月9日之后的那些日子里，土耳其人控制了士麦那，这里的居民与逃亡而至的难民便遭遇了一场疯狂暴怒的恐怖杀戮。教堂被付之一炬。男人、女人与孩童被当街活活刺死。在城中的亚美尼亚人居住区，当土耳其士兵往房屋上泼洒了汽油，人们便从害怕畏惧转为极度的惶恐。大约30万民众惊惧地冲向海边码头区，绝望地寻找船只，幻想能有一条生路，将他们从看来必死的困境中拯救出来。港口中停泊着一支阵容强大的舰队，当中包括三艘美国驱逐舰与两艘英国战列舰。但这些军事强国都决定不插手干预。英国记者沃德·普莱斯（Ward Price）当时就置身于其中一艘英国舰船上。他描述了自己的所见所闻：“海面闪亮着，反射出一种深重的铜红色调。几万几万的难民聚集在窄窄的码头上，挤作一团，极端拥塞，停留在身后席卷而至的死亡之火与眼前的夺命深渊之间。因为绝对的恐惧，人们连续不断地发出狂乱的尖叫与激越的哀号，从几公里之外都能听到。”对士麦那的屠杀洗劫持续了仅仅六天。但就是这六天，丧命的人数却多达12万以上。

卡恩的摄影师弗雷德里克·加德默尔亲眼见证了这一恐怖的历史片段。他的照片与纪录片详尽地表现出，这场大灾难给沦陷于战争地区的千千万万普通平民的生活带来了怎样的冲击。在这份苦难档案中，很多土耳其村庄被夷为平地，我们可以看到那些建筑残骸与废墟构成的场景全貌。这里有蜿蜒移动、成群迁徙的难民队伍；他们被洗劫一空，在满目疮痍、哀鸿遍野的土地间绝望地搜寻，幻想能找到一条生路。有时候，加德默尔那宽广的画面取景会赋予其照片一种不动声色、冷淡旁观的超脱气质，但他的冷静也会被某些场景动摇或打乱，这时他就让镜头去接近拍摄对象，清晰地揭示出那些饱经磨难的人们所承受的痛苦、极度的疲惫与恐惧。

然而，人们的苦难并未就此结束，那些强国坐视不管的冷漠态度也未改变。在英国外交大臣寇松勋爵（Curzon）的撮合之下，希腊与土耳其政府于1923年在瑞士洛桑达成了协议，双方同意实施一项方案，也即后来人们所称的“人口大交换”。80万希腊裔基督徒被强制要求退出土耳其的领地；相对应地，生活在希腊范围内的约130万土耳其人则被强令搬回土耳其安居。如此规模宏大的人口搬迁，必然伴随着无法想象、不可估量的悲哀与痛苦，而巴尔干半岛人民的集体意识，也从此一直受到这一阴影的困扰。在1992年的波斯尼亚和1997年的科索沃危机中，我们都能听到从1923年的安纳托利亚传来的阴森可怕的回音。20世纪20年代初期这些异常激烈的人口统计学意义上的决裂和仇隙，并非是这一长期遭受痛苦煎熬的地区史上首例“种族清理净化”事件，而且也不会是最后一例。

当然，在萨洛尼卡的惨剧与士麦那的不幸事件之间，还有个萨拉热窝。在那里，1914年6月28日，19岁的波斯尼亚塞族学生加夫里洛·普林西普（Gavrilo Princip）将一把0.38口径的勃朗宁手枪瞄准了弗朗次·斐迪南大公，由此让欧洲历史的进程发生了偏斜，也让世人从此以更为警觉戒备的目光盯上了巴尔干，视之为战乱纷争的煽风点火之地。

从1921年10月到第二年2月离开巴尔干半岛，加德默尔共拍了约1350张彩照。将这些作品与战事之前采风旅程中所积累起来的影片和照片放在一起来考量，它们所共同呈现的，便是一个帝国分崩离析的过程；这一详尽的视觉记录，讲述了该帝国作为一个地缘政治综合体被打散之后形成多个现代民族国家政权的过程。更重要的是，这些影像与我们分享了一个极具吸引力和相当私密性的深入观察的视角，让我们看到那些总体而言严重不负责任的政客和道德意义上极端放纵懈怠的士兵，让我们明了他们的行为所导致的后果与惨重代价。

加德默尔在镜头中所捕捉的那些事件，对卡恩这样一个全身心付出的和平主义者与国际主义者而言，都是一种该诅咒厌憎的事实。卡恩将自己大部分的财富——实际上，也是他大部分的生命——都无私奉献，致力于创立那些旨在推进和平的社会、政治与文化活动项目。而他雇请的摄影师从巴尔干地区那骇人视听的纷乱纠葛中所带回来的影像实录，则构成一个血腥又悲怆的提示，告诉我们卡恩这一可贵的意图是何其必要。

▶ 浩劫之后，一片残垣断壁的景象：士麦那遭到血洗所残留的后果。此场面摄于1923年1月，也即土耳其人控制这座城市四个月之后。编号A37378 （弗雷德里克·加德默尔摄）

▲ **塞尔维亚普里兹仑，** 1913 年 5 月 9 日

这些茨冈人，或者说是吉卜赛人，聚集在普里兹仑城中的一处民房外——该城位于如今已经是由联合国驻军管理的科索沃境内。从 13 世纪起，吉卜赛人便开始生活于巴尔干地区；但及至这一照片拍摄的年代，很多吉卜赛人已经放弃了居无定所的传统生活方式，转而在塞尔维亚的集镇与城市过上了更为稳定的常态日子。

编号 A1957（奥古斯特·莱昂摄）

▲ **塞尔维亚克鲁谢瓦茨（Kruševac），**1913 年 4 月 29 日

在塞尔维亚中部的克鲁谢瓦茨城内或者附近，莱昂拍下了这些售卖鸡鸭的穆斯林妇女。14 世纪晚期，克鲁谢瓦茨是塞尔维亚的都城，但在第二次世界大战中，该城遭到彻底摧毁。从此照拍摄之后的时段起，这一地区的穆斯林人口就几乎全部消失了。编号 A1817 （奥古斯特·莱昂摄）

▲ **马其顿欧本尼察（Openica），**1913 年 5 月 22 日
欧本尼察位于今日马其顿的领土范围内。这里一处摇摇欲坠的破烂乡村居所中，妇女们正在忙碌。彼时，马其顿的政治命运正战栗摇摆于一片刀锋之上：巴尔干各国的联盟动摇并推翻了奥斯曼帝国在欧洲的统治，但这一联盟本身又开始解体。数天之后，村屋中的这些妇女将会发现自己突然生活在了交战区——反奥斯曼的联盟分崩离析，曾组成联盟的各个成员国开始打成一团，都想为自家夺得一份马其顿的领土。编号 A2150（奥古斯特·莱昂摄）

▲ **马其顿斯米莱沃（Smilevo），**1913 年 5 月 17 日

斯米莱沃是马其顿比托拉（Bitola）地区的一座集镇。这些姑娘是该镇一户富裕塞族家庭的成员。1912 年 10 月，塞尔维亚军队在库曼诺瓦（Kumanova）战役中大获全胜，由此将比托拉从奥斯曼的控制下夺回。战斗随后延续了几个月，但此照拍摄两周之后，《伦敦协约》便永远终结了奥斯曼帝国对马其顿的统治。

编号 A2059 （奥古斯特·莱昂摄）

▲ **波斯尼亚莫斯塔尔（Mostar），** 1912 年 10 月 19 日
这座长约 26.82 米的优雅“老桥”建于 1566 年，在莫斯塔尔城中横跨内雷特瓦河（Neretva），见证了那些建造者，也即奥斯曼帝国工程师的巧思与创造性。然而，1993 年 11 月，当此区域的内战正处于高峰期，波斯尼亚的克罗地亚族裔摧毁了这座桥——莫斯塔尔最重要的地标建筑。预算为 1300 万美金的再造与修复计划通过后，此桥开始重建。并最终于 2004 年 7 月 24 日重新对公众开放。
编号 A1561 （奥古斯特·莱昂摄）

▲ **波斯尼亚萨拉热窝，** 1912 年 10 月 15 日

1878 年，波斯尼亚被奥匈帝国兼并。希腊、保加利亚、塞尔维亚与黑山联合起来闹独立，去跟奥斯曼帝国作战，波斯尼亚的领导者认为本国属于奥匈帝国，参与邻国的联盟就无意义。不过，正如图中面包小贩与其顾客们的面部表情所暗示的，随着巴尔干地区的政治气氛越来越火爆，紧张、忧惧和不安感也在人群中蔓延。编号 A1492 （奥古斯特·莱昂摄）

◀ **黑山切蒂涅（Cetinje），**1913 年 10 月 23 日
这位是切蒂涅的市长乌莱迪克；手枪的枪把显眼地从他的腰带间鼓凸出来。他是该镇的显要人物，而城镇所在的地区曾经被称为“塞尔维亚的斯巴达”，因为这里有过抗击奥斯曼统治的光辉历史。照片拍摄时，切蒂涅还是黑山的首府，但到了 1946 年，其地位由铁托格勒（现名为波德格里察，Podgorica）取代。编号 A2933 （奥古斯特·莱昂摄）

▲ **克罗地亚杜布罗夫尼克（Dubrovnik），**1912 年 10 月 23 日
在克罗地亚达麦希亚（Dalmatia）沿海的港口小城杜布罗夫尼克，莱昂和布吕纳为这些妇女拍下了照片。杜布罗夫尼克被称为“亚得里亚海的珍珠”，在 20 世纪 90 年代初期，克罗地亚的独立战争期间，这里遭到巨大的破坏。好在战乱之后，城中有些古老的民居已得到修复。编号 A1663 （奥古斯特·莱昂摄）

▲ **希腊萨洛尼卡，** 1913 年 5 月 14 日
马其顿的疆域中有一部分为希腊人占据，萨洛尼卡是这一沿海地区具有重要战略地位的港口。这些船夫们正准备在此靠岸停泊。这幅令人着迷的美好影像保留了该港口曾有的、但随后便消逝的市容景观：1917 年 8 月，当战火席卷全城，9000 多幢建筑被悉数摧毁。编号 A2014（奥古斯特・莱昂摄）

▲ **希腊萨洛尼卡，** 1913 年 5 月 24 日
驻守在位于萨洛尼卡的希腊要塞的，是这些来自克里特岛的士兵。莱昂拍下此照三周后，第二次巴尔干战争便爆发了；这些士兵们投入战斗，面对保加利亚军队的进攻，挺身保卫萨洛尼卡。敌方的进攻很快就被击退，确保了这座战略上至关重要的港口仍由希腊人掌控。 编号 A2178（奥古斯特·莱昂摄）

▲ **希腊雅典，**1913 年 10 月 9 日
这是希腊首都最早的彩色照片之一。雅典的房屋都是统一的低楼层。这里的大片屋顶一路绵延，伸向远处那著名的卫城，而卫城上方挺立着一处伟大的建筑古迹：帕特农神庙。由于扩展吸纳了周边的城镇，并接收了 1923 年“人口大交换”后到来的新移民，从 1913 年以来，雅典这座大都市的人口已经增加了十倍。编号 A2744 （奥古斯特·莱昂摄）

► **希腊阿索斯山（Mount Athos），**1913 年 9 月 10 日
这张令人心绪不宁的照片拍摄于第二次巴尔干战争爆发后的数周间，地点是阿索斯山间的拉夫拉大修道院（Grand Lavra）附近。乍看之下，这似乎是“种族清理净化”行动中的一个实例，但同样有可能的是，这里的被抓捕者是名匪徒。不过，考虑到图像背后那更为宽广的历史情境，在卡恩的巴尔干影像专辑中，这张照片恐怕还要归于更为令人心惊不安的那一类。编号 A3825 （史蒂芬·帕塞特摄）

希腊萨洛尼卡，1913 年 9 月 2 日
帕塞特在萨洛尼卡附近遇到这群难民时，实际上距离第二次巴尔干战争结束已经有六周了。那场冲突让成千上万人流离失所；到处都传来坏消息，到处都是暴力伤亡、残忍恶行与恐惧，他们只希望能找到安全的存身之地。他们最后在萨洛尼卡找到了庇护，而这里是巴尔干半岛种族构成最为多元化的城市之一。编号 A3835 （史蒂芬・帕塞特摄）

▲ **保加利亚梅尔尼克（Melnik），** 1913 年 9 月 17 日
根据第二次巴尔干战争之后所签订的对半岛领土划分的外交协议，很多保加利亚人突然就成了所属区域内的“少数族裔”。在几个月内，这些保加利亚人便掀起了反抗的浪潮。梅尔尼克被从原先的奥斯曼帝国划归保加利亚控制，而在这一年之后，帕塞特遇到这群从外乡来到梅尔尼克落脚的（保加利亚裔）难民，于是有了这张照片。编号 A3901 （史蒂芬·帕塞特摄）

► **土耳其君士坦丁堡，** 1922 年 10 月 29 日
君士坦丁堡的这幅俯瞰全景照片拍摄于该城历史上的一个转折点。画面背景处，英国与法国的军舰巡游在博斯普鲁斯海峡间，来呼应和支持占领这座城市的两国地面部队，而这时正是第一次世界大战的尾声阶段。在阿塔土耳克（即国父凯末尔）的领导下，土耳其的民族主义者发动了武装叛乱，这些西方军事力量最终于 1923 年 9 月撤离了君士坦丁堡。这座城市遂被正式更名为伊斯坦布尔，但它作为土耳其首都的地位后来又被安卡拉取代。原先的奥斯曼帝国本身解体崩溃，所诞生的是土耳其共和国这一新政体。编号 A36317 （弗雷德里克·加德默尔摄）

N
7450

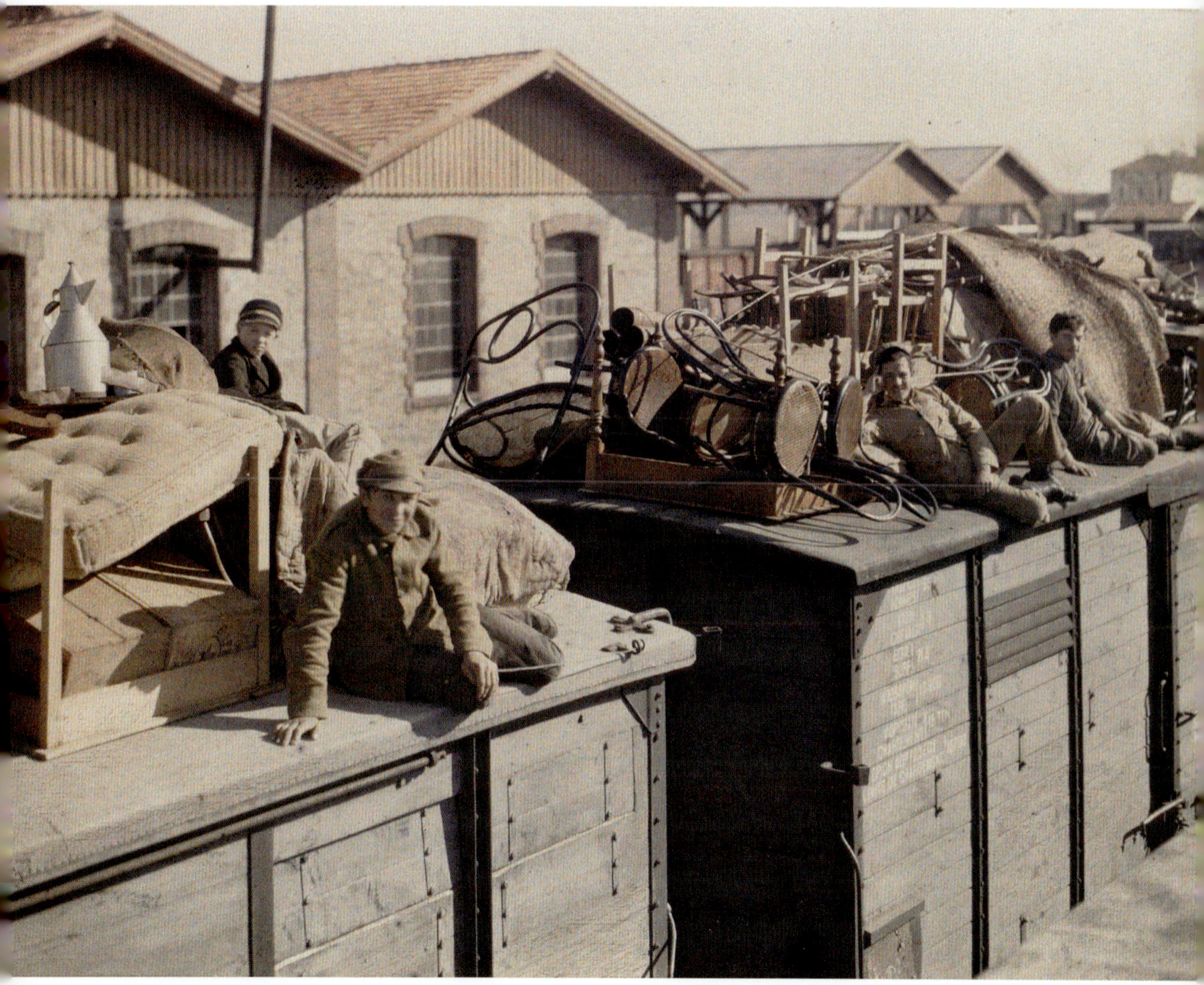

◄▲ **土耳其埃德里亚堡（Adrianople），** 1922年11月4日
为了记录战争引发的大规模人口迁徙所带来的影响，加德默尔特地去到埃德里亚堡的火车站拍摄。埃德里亚堡位于土耳其西部，现名为埃迪尔内（Edirne）。一节通常用来运牲畜的车厢，在这里装的却是活人。人们那忧虑不安的面部上方，在车厢顶上，恰巧有一名士兵出现。这两个影像元素的同场并置构成一个令人胆寒恐惧的征象，预示着，在欧洲历史上的这一野蛮阶段，还有着更多暴虐残忍的非人道罪行将会发生。编号：左图 A36430　上图（局部细节）A36432　（弗雷德里克·加德默尔摄）

▲ **土耳其卡拉柯伊（Karaköy），** 1922年12月18日
从安纳托利亚半岛撤退时，希腊军队采用了焦土战略，一路纵火，烧毁了无数的建筑。照片中，一个流离失所的小贩别无选择，只能在空地上铺一块小毡毯，毯子上安置着他售卖的货品。此地很可能位于土耳其比莱吉克（Bilecik）省的卡拉柯伊附近。编号 A36854 （弗雷德里克・加德默尔摄）

► **土耳其阿莱希尔（Alasehir），** 1923年1月8日
阿莱希尔在古代以费拉德尔菲亚（Philadelphia，与今日美国之费城同名。——译注）之名而为人所知。希腊军队被指控在城中纵火，烧毁了这里70%的建筑。那场疯狂的暴行中，很多居民命丧火海，而绝望的幸存者，就只能在任何可堪利用的地方寻找栖身之处——甚至，比如图中所示，是在一个空树洞里容身。编号 A37253 （弗雷德里克・加德默尔摄）

▲ **土耳其士麦那，** 1923 年 1 月 15 日

这条街原本是士麦那城中的意大利人聚居区。作为地中海沿岸最古老的城市之一，士麦那长期都因其富庶与美丽而饱受称羡赞誉。希腊与土耳其之间的战争之后，士麦那的荣光便不复存在。直到如今，哪一方应为这座城市的损毁而负责，人们还争执不下、难有定论。不过，正如加德默尔的照片所显示的，在这里，程度惊人的野蛮破坏却是不争的事实。编号 A37418（弗雷德里克·加德默尔摄）

▲ **土耳其乌沙克（Usak），** 1923 年 1 月 6 日

士麦那以东 240 多公里，是乌沙克城。1922 年 9 月，溃败的希腊军队一路向西撤退，乌沙克遭到严重的破坏损毁：据估测，希土交战导致城中约 1/3 的地方化为焦土废墟。乌沙克附近的这条铁路线，具有重要战略地位。这节火车头，只剩下烧毁后的残骸，倒立在路轨旁。编号 A37214 （弗雷德里克·加德默尔摄）

▲ **土耳其马尼萨（Manisa），** 1923 年 1 月 12 日

这些平民聚集在土耳其西部的城市马尼萨，而溃退的希腊军队此前已纵火焚毁了这座城市。一位美国外交官报道说，马尼萨有 10300 栋房舍与 15 座清真寺被付之一炬。这群人的第一排，蹲在最左边的那个男子，曾被困在着火燃烧的建筑中，因极度恐惧而成了疯子。编号 A37371 （弗雷德里克·加德默尔摄）

▲ 土耳其君士坦丁堡，1922 年 11 月 24 日
在加德默尔造访君士坦丁堡的一年前，土耳其当局将托卡比（Topkapi）皇宫——自 15 世纪以来都是历任奥斯曼苏丹的居所——变身为一座博物馆。就是在这里，托比卡宫的朝觐大殿中，苏丹王曾落座于这张四面镶满绿宝石的金色王座上，接见大臣，审阅奏章。编号 A366604（弗雷德里克·加德默尔摄）

4 第一次世界大战

凡尔登战役开始于1916年2月21日，持续了十个月之久。共有26万人在此期间阵亡，几乎每分钟一个人。总的来看，在这一时段内，对阵双方没有一方因为这巨大伤亡而取得明显的阵线推进，但德军司令（总参谋长）埃里希·冯·法金汉（Erich von Falkenhayn）却并不为此懊恼。他所想要的，首先是，尸体……法金汉对法国将军们的心态非常了解。他们将自己手下的每个人、每一样资源都投入战场，想到的只是壮烈勇猛的攻击阵势，却对士兵们的性命几乎不管不顾。法军战壕中可怜的装备反映了将军们的想法：这里只有简陋与临时凑合的工事，与德国人的混凝土堡垒构成鲜明对照。凡尔登是法军的陷阱，而这陷阱中的诱饵是所谓的骄傲与光荣。

——《在欧洲》

吉尔特·马克（Geert Mak）著（2004年出版）

▲ 卡恩的摄影师们捕捉到了士兵生活中最私人化的时刻：睡觉，或者甚至是在有草木类图案喷涂伪装的厕所方便时的状态。上，编号A11030（史蒂芬·帕塞特1916年摄于凡尔登） 下，编号A12834（保尔·卡斯特劳1918年摄）

◀ 1915年8月9日，法国索姆省勒阿梅尔（Le Hamel）一处战壕中的士兵。早期彩照中，能真实呈现人们处于实际战斗状态的，少之又少。编号A5940（局部细节，史蒂芬·帕塞特摄）

第一次世界大战期间，被安排去采访法军战斗行动的摄影记者，实际上从未有机会亲眼看过那血流成河的惨状，而那就是“一战”的西线战场。之所以如此，不是因为拍摄者没亲临一线的想法，也不是因为缺乏勇气。尽管当年外界还未普遍知悉新闻报道背后的潜规则，但那时极少数获得允许亲赴前线观战与拍摄的摄影师们，必须服从于严格的管理与控制，而负责管控的，正是为法国军队工作的审查员们。在战争年代，媒体管控的举措，虽然被认为是令人遗憾之举（倘本国战事失利，便不可如实报道），但同时也被认定是不可避免、不可或缺的军事战略——当代社会实则亦如此。

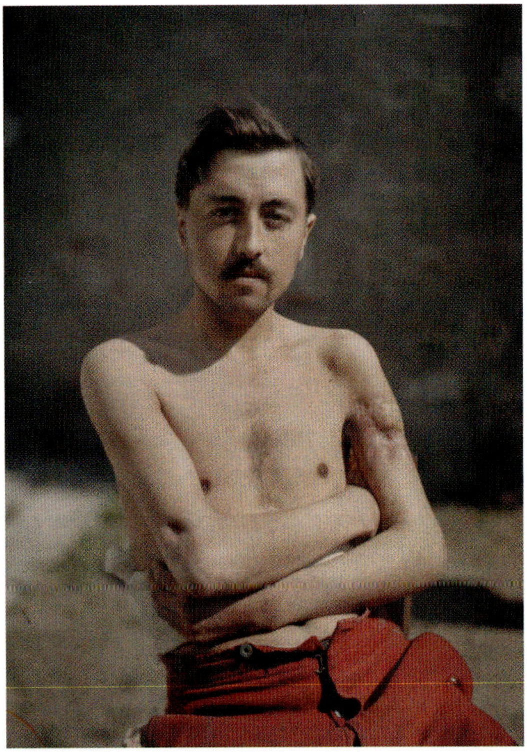

▲ 法军在 1914 年遭受了惨重的伤亡，而这被部分地归咎于他们的军装。从普法战争以来，红裤子就一直是法国士兵标配的制服下装。编号 A6803

在交战区为卡恩工作的摄影师们，尽管他们自己曾在法军服役，尽管他们承诺将自己的很多照片与承担摄影采访使命的其他团队成员们共同分享，他们依旧无法得到豁免权，依旧要遵从法国官方的媒体管控。大部分时候，他们的镜头只能停留在作战前线后方、相对安全的地方，所以他们的照片并不能为观众呈现完整的、未加粉饰的、如地狱深渊般的战争实况。但他们的作品却为我们提供了另一种不同的现实，而且看上去并不欠缺真实感。在卡恩的“一战”照片中，我们看到的并非激烈战斗的紧张场面，而是战争年代那显得荒谬或无价值的日常琐事与压倒性的世俗平庸景象。

可以想象得到，面对卡恩团队出品的这些照片，法军的审查官们虽然心怀狐疑，但也颇为沮丧，因为找不到多大的把柄。他们大概很可能将之解读为摄影师们由于拍不到战争现场，聊胜于无的自我安慰，是用来自我糊弄的替代品。实际上，在重重限制约束下进行创作，妥协因此就成为免不了的选择或出路：卡恩的摄影师们所完成的图像，都是对战争局部的、间接迂回的表现，就像战争投射出的影子，而不是对流血冲突本身直接的、不加过滤的呈现。不过，摄影师们运用了相当的巧思或策略，所出品的照片微妙地暗示出当时正在发生的惨烈牺牲、对生命的屠杀。

有几张照片证明了法国将帅们在战前以及战争期间所犯下的诸多致命失误。最高指挥部曾否决了一项提议：用一种能伪装和掩护士兵们的新制服来取代法军那传统的亮蓝色的军装上衣与鲜艳的红裤子。历史学家理查德·霍尔姆斯（Holmes）简练精妙地概括了这一愚蠢可怕的错误所导致的严重后果：

他们投入了战斗，就穿着这种极为迂阔、不符合现实需求的招摇的军服，采用的又是极为不切实际的战术，结果付出了巨大的代价。第一年的战事，虽然真正交战的实际时间仅有五个月的样子，但就死伤人数而言，这却是法国军队在所有战争年代所交过的最昂贵的一笔学费。数不尽的阵亡士兵，尸体铺满了法德边境上的山丘。而战前，竟有人鼓吹那红裤子制服体现独特的法兰西气质。如此胡诌的家伙，该对这一败局负责。

最终，那传统的军装颜色换成了一种更为沉静暗淡的色调，叫作“地平线蓝”。这种制服，假如沾染上足够多的泥灰，可让西线的战士们隐身于冷硬灰白的土地间，从而减少暴露的危险。

当然了，烂泥倒是基本上从不缺乏。从1914年秋天起，对大部分法国士兵来说，他们的家园就是那臭烘烘的、老鼠乱窜的战壕。正如卡恩档案库中的照片所示，很多战壕都是草草开挖搭建而成。解决便溺问题的设施要么是极为不充足，要么就是干脆没有。连续的枪弹与炮火之下，必然有人伤亡；那些伤员幸存康复的机会本就渺茫，而在这糟糕的卫生状况下，希望就更是微乎其微。对法军伤兵而言，想得到医疗队迅速有效的处置救护，也根本只能是愿望。另有一个不可理喻的错误政策，竟然规定受伤士兵应在靠近其被征募入伍地点的医院接受治疗。如此的延误，让很多伤者得不到及时的手术与护理，因此失去了原本还有可能挽救的四肢，甚或是生命。

1915年10月，奥古斯特·莱昂得到许可，能够亲眼看到部队所遭受的伤亡实况。在法国北部卢瓦雷省的一间医院，他拍摄了从前线撤下的那些士兵身上的伤情：骨感染、榴弹碎片带来的伤口、软组织受伤产生的疤痕，等等。面对镜头，很多士兵脸上都摆出冷峻坚忍的神情；在其他一些照片中，伤者龇牙咧嘴的疼痛表情则明确地提示观众，他们作战时要忍受多么巨大的苦难。

整个战争期间，卡恩的摄影师们不时将镜头对准法国各地的医院。在不少作品中，护士的身影及面容显得颇为突出。在照片中，就像在当年的报纸宣传中一样，护士们常常被表现为“抗侵略女英雄”的典型形象，无私地勤奋工作，往往还身处危险地带，去拯救那些与德国佬英勇作战而不幸负伤的士兵。1916年7月，在索姆河战场附近的一座医院中，史蒂芬·帕塞特拍了一张照片，构图特别用心，带有他个人作品那标志性的、呈现华彩气质的造型布局。照片中的护士身上有一种古董铜器那柔和摇曳的光晕，甚至可谓是一圈光轮，强化突出了其职业那近于神话般的崇高荣耀。还有一些护士的坐姿肖像也传递了同样的讯息。她们拍照时，胸前别上了因在战争中救死扶伤而得的勋章——这是官方对她们的

▲ 护士梅瑞尔·安德雷（Mireille Andrieu）在被德军围困的法国城镇苏瓦松（Soissons）救护了不少生命，由此成为最早荣膺军功十字勋章的女性之一。编号 A72824 （费尔南·库维尔摄于1917年）

▲ 卡恩“一战”拍摄团队的两个重要成员，费尔南·库维尔（左）与保尔·卡斯特劳（右）；
1918 年 1 月 16 日摄于巴黎附近卡恩的寓所。编号 A13099、A11907 （奥古斯特·莱昂摄）

奉献、勇气和自我牺牲精神的正式褒奖。

几乎从战争一开始，法国军方就清楚照片作为军情侦察手段以及宣传工具的重要性。1915 年春天，最高指挥部建立了一个特别的摄影团队，叫作“法军摄影与摄像小分队”。卡恩与他们达成了一个互惠互利的协定。同一幅照片都拍两张，一张交给军方，另一张保存在“星球档案”中。

到了 1917 年，组成这一小分队的 15 个士兵摄影师中有两人已经同时为军方和卡恩的文献库拍摄战事影像。费尔南·库维尔（1887—1927）作为步兵应征入伍，但很明显的是，与其他人接触时，他更愿意用镜头而不是用刺刀瞄准对方。他的另一位同行，是喜爱音乐与文学的保尔·卡斯特劳（1880—1944）。两人一样，性格倾向都更适合当创造性的艺术家，而不是铁血杀手。战争期间，卡恩还雇请了其他摄影师，主要有奥古斯特·莱昂、史蒂芬·帕塞特与乔治·谢瓦利埃。与前两者一起，他们拍摄了共约 1500 张彩照。很多照片都是在前线阵地后方拍摄，或者是在那些遭到战火摧毁的集镇与村落中拍摄。这些作品构成世界上最大体量和最重要的彩色

▲ 这张照片拍于 1917 年 6 月。在苏瓦松以东三公里多的布希勒隆（Bucyle-Long）村，士兵们看似正准备抗击一场空袭轰炸。编号 A12343-AT（局部细节，费尔南·库维尔摄）

照片集之一，记录和再现了“一战”期间士兵与平民们的日常生存经验。

更值得指出的是，库维尔与卡斯特劳此前都曾从军；这一经历让他们对法国军队中普通士兵的遭遇都多出了一份私人化的切身感受，一份源于本能的同情。他们的照片中，在摄影师与拍摄对象之间，经常会有一种天然的、默契投合的无声交流。历史学家杰伊·温特这样描述他们的作品：“其中包含着深厚的感情，对那些穿军服的有着团结如兄弟的持久情谊。”那些反映军旅生活中平凡时刻世俗实景的照片，或许是他们创作成就的最好例证。这是一场规模巨大的、全球性的、改写时代历史的战争，但在这里却通过局部小空间的细微的日常琐屑来呈现。这场战争，仅仅在凡尔登一役，阵亡与伤残的法军人数便已达到 50 万之巨；但在这些照片中，我们同样能看到，敦刻尔克附近的一座军营旁，战争也让 20 多名士兵稍事休养，一起削起了胡萝卜。那场暴力冲突，是绞肉机般的大屠杀，但我们也能看到，在阿尔萨斯的一处营地，士兵们得空晾晒他们的长内裤。在卡恩的照片中，世界大战这一恐怖阴森的巨型城堡，被伤感地降格重构，被重新定格

▲ 一场惊天动地、令世界破碎的大事件的间歇，也有如此的平凡世俗时刻：1917 年 8 月 31 日，敦刻尔克附近雷克波德（Rexpoede）的驻军营地，士兵们一起削胡萝卜。编号 A12833（保尔·卡斯特劳摄）

为具体而微的个体，呈现为人类的尺度。

这场战事将促成四个大帝国——日耳曼、奥匈、俄罗斯与奥斯曼——的终极崩溃和解体，但它也将大英帝国与法兰西海外殖民领地上的众多臣民带到了欧洲。很多年来，对殖民地参战部队在西线战场上的遭遇，历史学家们要么轻描淡写，要么就直接忽略，但卡恩的照片却为我们发掘和讲述了那些被埋藏的故事。

尽管估测数字各有不同，但法国从自家殖民地征召的士兵，数量至少达 20 万，甚至还有可能是 40 万。规模最大的军团队伍之一，由在海外殖民地塞内加尔、象牙海岸与几内亚征募的非洲士兵组成，但法国人漫不经心，根本无视这些士兵的实际来源地，只是给他们贴上一个统一标签：塞内加尔步枪手。法军中还有义勇军性质的轻步兵营队；这些顽强的、在艰苦条件下有强大生存力的斗士，是从在北非殖民地，主要是阿尔及利亚与突尼斯定居的海外法国人——被本土国人称为“黑脚仔”（pieds-noirs）——中招募而来。此外，有大约五万士兵来自印度支那（东南亚）。与他们那来自非洲的战友一样，这些东奇诺（Tonkinois，即今日之越南）步枪手和柬埔

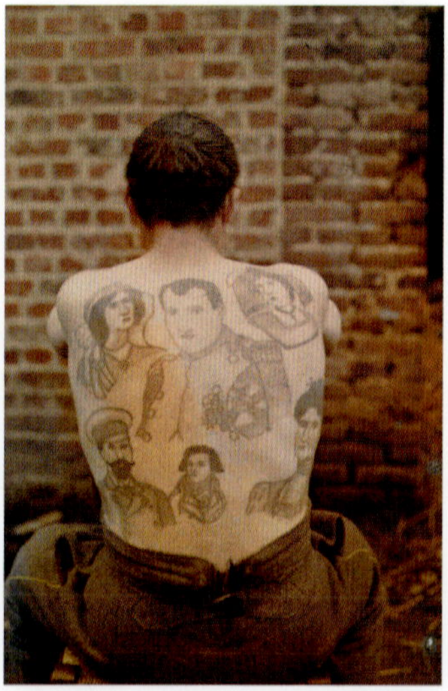

▲ 从左至右，一位塞内加尔步枪手、一位背上文有拿破仑图案的法国大兵、一位来自印度支那的步枪兵。编号 A12040（保尔·卡斯特劳摄） 编号 A6771（安德烈·贝纳德尔 /Andre Bernardel 摄） 编号 A12284-AT（史蒂芬·帕塞特摄）

塞步枪手，总是在法国军官的指挥下去作战。

那支“义勇军”兵团，不仅受人尊敬，也令敌手畏怯。与塞内加尔步枪手和印度支那的外籍士兵一起，他们在数场重要战役中都表现突出。在维米岭（Vimy）和索姆河战役中，非洲军团与加拿大和英国军队并肩奋战。1918 年 9 月的圣米耶尔（St Mihiel）战役和规模浩大的莫兹—阿尔贡（Meuse-Argonne）攻势中，他们又加入了美国第一集团军作战。

战争的最末一年，从撒哈拉沙漠以南殖民地区域招募的 77000 多非洲士兵，为法国军队提供了至关重要的战斗力补充；因为此时的法军已经严重损耗衰竭，一蹶不振，彻头彻尾地厌战，而且完全地疲惫不堪。不过，在欧洲战场的舞台上，非洲人并非唯一的新晋力量。与美国远征军的规模相比，殖民地的这点支援兵力微乎其微：到了 1918 年，每个月投放与登陆法国领土的美军人数都有成千上万。

及至 1918 年 7 月，在法国服役的美国士兵已足足超过 100 万。那一年，卡恩的摄影师们拍到美国大兵的队伍昂首阔步地走过香榭丽舍大道。不过，美军中的大部分人都来得太迟了，没能目睹西线战场的作战实况。11 月 11 日，交战国达成休战协议。此际，双方的炮弹已经把法国北部那原本翠绿葱茏的地貌轰成了一片稀烂，一片死寂的灰色荒原。四年间持续不断的炮轰让这个国家大片的土地失去了植物、动物、建筑与人类。

法军的有些侦察机在大战中劫后余生。卡恩的摄像师们甚至动用了一架这样的飞机来航拍他们那破碎的祖国河山。“星球档案”中一些最令人震撼的影像，为我们展开的是“一战”大灾

▲ 外交部长阿里斯迪德·白里安（Aristide Briand，中）率领法国代表团参加1926年在瑞士卢加诺举行的和平会谈。会谈达成的协议随后让欧洲维持了十年的和平；直到1936年，希特勒下令德国军队再次占领莱茵河西部地区，由此否决和破坏了协约。**编号 A47663（罗杰·杜马摄）**

难那毁灭性后果的可怕规模。航拍飞机那巨大的阴影投射到农场上，但农场上一片死寂的虚空，没有人，也没有牲畜。飞机从支离破碎的城镇那千疮百孔的残留遗迹上滑翔而过。在他们下方，在历史名城兰斯，那修建于13世纪的大教堂——法兰西的国王们曾在此加冕——已经只剩下残垣断壁、碎砖瓦砾。阿拉斯城也同样如此，那里的场景看上去就像被人完全遗弃的废墟。在卡恩文献档案的航拍纪录片中，法国北部的大片地区满目凄凉，如同遭受过启示录末日般的大浩劫。

如此的景象，即使最为冷酷的、铁石心肠的观众看了也会感到惊骇，更何况是卡恩这样敏感多思的和平主义者。论及战争对法兰西国土造成的灾难性影响，这些航拍影片是真实的历史记录，重要性难以估量。但是，最为撼动人心、最能顽强叩问或持续击打我们深层意识的，并非那些关于战争灾祸的全景式和鸟瞰航拍的图像，而是那些在地面上近距离拍摄的照片：它们所

▲ 1915 年 4 月 27 日，居民们坐在摩尔特–莫瑟尔省（Meurthe-et-Moselle）一座房屋的废墟间。编号 A5361 （乔治 · 谢瓦利埃摄）

揭示的，是战争给个体人带来的冲击。“一战”中有 850 万人丧命，2100 万人受伤；但在卡恩的影像库中，给你呈现的并非只是面目模糊的尸骸头颅、破损残缺的胳膊或碎裂分解的筋骨肌腱，取代这些直白浅显图像的，是摄影师们以其作品体现出来的极大的丰富性：一场世界范围内的灾难正在展开，无数人沦陷其中，而摄影师们聚焦于人们在战乱中的日常世俗经验，以细致、私密化和人道的方式来对此加以检视。

停战之后，在欧洲的大部分地区，很多人都想着同一个问题：自己的国家应该怎样去纪念那些被战争夺去生命的同胞？法国，是死亡人数最多的，共约 130 万人丧命；破碎的家庭遍及全国，到处一片哀悼之声。英国的损失只是略少，死者人数也几乎达到了 100 万之多。两国的国民都指望着各自的政府能以恰当的形式来铭记为战争而付出的巨大牺牲。

法国采取了这样的方案：在全国各地修建了

38000 处纪念碑与场馆。其中最值得关注的是位于杜奥蒙（Douaumont）要塞的一座巨型尸骨墓冢；那里存放有成千上万死者的残留骸骨，而当中的绝大部分都是在 1916 年的凡尔登战役——有些历史学家称之为“绞肉机”——中捐躯。英国也为战争罹难者修建了差不多同样多的纪念碑，但总体而言没法国的那么凄清阴森。最著名的是安放于伦敦白厅街上的一座木质纪念碑。卡恩的摄影师费尔南·库维尔在 1919 年 7 月拍摄了此碑。他的到访正好赶上按计划举行的“胜利大阅兵”：从 14 个同盟国调集而来的 15000 名士兵在伦敦列队游行，持续了两个半小时。这次阅兵游行随后变身为每年一度的阵亡将士纪念日仪式。这个纪念活动 1921 年首次开展，然后延续至今。按照杰伊·温特的看法，阵亡将士纪念日已经成为不列颠所有非宗教节日中最神圣隆重、举国参与的一个大活动。对历史上那场死伤惨重、令人震骇的悲剧，这一纪念活动深刻有力。如今，战事已经过去了几乎一个世纪，但这个纪念日在英伦三岛国民意识中的独特地位与意义，却一如从前，从未磨蚀。

► 简练朴素、庄严又神圣：埃德温·勒琴斯爵士（Edwin Lutyens）设计的战争纪念碑，原创为木头材质，安放于白厅街上，正如拍于 1919 年 7 月 23 日的此照中所见。纪念碑后来用波特兰石灰石材质重塑，并成为英国最受人们敬重的非宗教类纪念碑。**编号 A18309 （费尔南·库维尔摄）**

▲ **法国兰斯，**1917 年

前线战壕中的情形无一例外，都是泥泞不堪、臭气熏天，乃至血流遍地，几乎没有任何设施可供战士们解决个人卫生问题。当从前线归来暂时休整，他们便利用一切可能找到的机会来沐浴清洁。这里，兰斯的一条街道上，几位市民在帮忙，让一位法国大兵能好好洗回澡。编号 A11816（局部细节，费尔南·库维尔摄）

▲ **法国瓦克罗特（Vauxrot），**1917 年 6 月

苏瓦松以北的瓦克罗特村，一处支援用途或预备用途的战壕工事中，战士们在喝汤。到了 1917 年夏天，法军全体士兵的士气都处于低点；那糟糕的餐食补给对他们情绪的提升当然也毫无帮助。但对德国士卒来说，那里的供给其实更为糟糕：同盟国军舰的海上封锁意味着，德意志“前线将士们”很快就将不得不吃那种因面粉匮乏而掺有锯木屑的面包。编号 A12307-AT（费尔南·库维尔摄）

▲ **法国拉尔吉森（Largitzen），** 1917 年 6 月 18 日
阿尔萨斯拉尔吉森附近的掩体前，士兵们在喝汤。法军俚语将这种简易棚屋称为“卡格那斯”（cagnas），通常都是在地面上向下挖掘后搭建而成。这里的军人们看来是以 A 字形的框架构建了他们的掩体，棚架上还铺设有草木，以此提供额外的一点儿庇护，来对抗风霜雨雪。编号 A12068（保尔·卡斯特劳摄）

▲ **法国勒普鲁瓦隆（Le Ployron），**1916 年

战壕中令人厌恶的卫生状况促发很多士兵在掩体之外搭建临时小棚子。这一麦秸尖顶窝棚，位于皮卡迪地区的勒普鲁瓦隆村子附近，或许肮脏污浊程度要比前线战壕工事的内部稍微轻一些，但如果敌人的炮弹飞来，这棚屋便无法给这些士兵提供任何的庇护。编号 A7234（史蒂芬・帕塞特摄）

法国里克堡（Ricquebourg），1915 年 8 月
亚眠市附近的里克堡，一群法国兵在清理战壕中的碎石瓦砾。他们当中，一位腰间系着宽宽的显眼红饰带的士兵鹤立鸡群。按照军事历史学家理查德·霍尔姆斯（Richard Holmes）的说法，这一抹红色昭示了前线战士心中所怀有的"高卢式华美勇气"的情结。编号 A6722（史蒂芬·帕塞特摄）

▲ **法国瓦兹（Oise），** 1915 年 7 月 21 日
军人们站在长达三公里多的一道战壕中。战壕连接着瓦兹省内位于前线的孔西勒波茨（Conchy-les-Pots）与“茅棚之木材”（Bois des Loges）之间的炮兵连阵地。交通壕开挖修建时，都与直接面对敌军的战壕构成一个夹角。交通壕用于向前线输送人力、军火装备与补给物，并将前沿伤兵运回后方。
编号 A5883 （史蒂芬·帕塞特摄）

► **法国圣克劳德（St Claude），** 1915 年 8 月 1 日
战事进行了一年之际，这些衣衫不整、面带倦容的炮兵从掩体洞坑中向外窥视。洞坑是在岩石上挖凿而成；此战壕位于圣克劳德，在巴黎以北约 48 公里处。编号 A5908（史蒂芬·帕塞特摄）

◀ **法国埃格林恩（Eglingen），** 1917 年 6 月 23 日
在阿尔萨斯省埃格林恩编号为 26 的观察哨位上，这位守望哨兵正密切监视敌军的动态。在他周围，我们可以看到一处典型的、破烂简陋的法军战壕那混乱的状况。**编号 A12098（保尔·卡斯特劳摄）**

▲ **法国赫兹巴赫（Hirtzbach），** 1917 年 6 月 16 日
阿尔萨斯省赫兹巴赫镇，从一处观察哨的瞭望孔中拍到的战壕前方以及远处的地貌景观。守望哨兵的生活单调无趣；在相对平静无事的地区，比如此处所示，守望者眼中始终是这样的景象，所以执行这一任务就绝对乏味。被安排去放哨监看敌情的士兵，往往连续数周，甚至是数月，都要时刻保持警觉，因为很多战友的生命就取决于监看人是否观察细致。**编号 A12048（保尔·卡斯特劳摄）**

▲ **法国圣乌尔里希（Saint Ulrich），** 1917 年 6 月 16 日

在一组彩照中，卡斯特劳关注了一群“塞内加尔步枪兵”的战斗生活。他们驻扎在法国与瑞士边境附近的圣乌尔里希。这些照片所捕捉的大多数时刻，显示士兵们都在忙着一些平凡俗事，比如左边的这个人正削着苹果皮。编号 A12042（保尔·卡斯特劳摄）

▲ **法国普罗旺斯，** 1916 年 4 月 19 日
图中士兵身穿惹眼的红色上衣、肥大宽松的蓝裤子，还有显眼的带包头布的白色斗篷。这些士兵隶属于一个阿尔及利亚裔的非正规骑兵团，驻扎战斗在普罗旺斯地区的塔拉斯孔城堡（Château de Tarascon）。“一战”期间，从北非的法国殖民地征募的非正规骑兵，共有七个团；作为法军的一部分，他们也战斗在西线战场。编号 A8113 （乔治·谢瓦利埃摄）

◄ **比利时斯狄恩柯克（Steenkerque），** 1917 年 9 月 5 日
斯狄恩柯克镇位于布鲁塞尔西南约 48 公里处。驻扎在这里战斗的分队拥有口径为 37 厘米的轨道式移动大炮；炮身被安装于带有轨道轮的基座车体上。编号 A12920（局部细节，保尔·卡斯特劳摄）

▲ **法国瓦兹，** 1915 年 7 月 21 日
深深地藏入森林中的，是一门口径为 75 毫米的加农炮的炮位。图左有一把横切锯靠立在树枝旁，暗示着这个炮位修建完成的时间还相对很短。编号 A5888 （史蒂芬·帕塞特摄）

▲ **比利时洛城（Loo），**1917 年 9 月 5 日
洛城附近伊瑟运河（Canal de L'Yser）段的河面上，停泊着一艘炮艇；上船到访的，是比利时国王阿尔伯特一世。在这场战争的稍早期，国王指挥比利时军队，在伊瑟战役中成功地阻击了德国人，让敌人未能在北海沿岸夺得更进一步的控制权。编号 A12926 （保尔·卡斯特劳摄）

▲ **法国敦刻尔克，**1917 年 9 月 3 日

这些士兵属于海军特战队（Fusiliers Marins）；海军的这一作战分支力量专长于保卫陆上的海岸设施，并协调支持海军突击队的行动。很有可能的是，就在此照片拍摄前不到三周，这些士兵曾参与一场战役，夺取了敦刻尔克附近位于德雷格拉西腾（Drie Grachten）的桥头堡阵地——在最为惨烈的第三次伊普尔（Ypres）战役中，这是同盟国军队难得一见的一场胜利。编号 A12878 （保尔·卡斯特劳摄）

▲ **法国巴黎，** 1918 年 10 月

巴黎杜伊勒里宫花园展出中的德国L49号齐柏林飞艇的局部。1917 年 10 月，参与了对英国的空袭轰炸之后，这艘飞艇在法国东部的“波旁浴场”（Bourbone-les-Bains）一带被法空军飞行员胁迫降落。L49是唯一一艘被完整俘获的德国飞艇。被迫降落后，飞艇的驾驶员们大多会破坏他们的飞行器，以免德国的技术落入敌方的手中。如此大型而又完整的一件战利品，通常都会被拿去进行展示，作为优势一方获得胜利的具体证据。编号 A14723（奥古斯特·莱昂摄）

▶ **法国索姆省，** 1916 年 3 月 2 日

索姆河附近的一座机场上，一架法曼 MF.11 型“短角牛”（Farman Shorthorn）复翼飞机中的飞行员准备起飞。在战争的早期阶段，这些飞机证明了它们在执行侦察任务和小型轰炸袭击时所体现出的价值或优势，但到了 1916 年中期，在德国人那性能优越的福克式飞机（Fokker）面前，MF.11 很快便风光不再、颓势尽显。编号 A7242（史蒂芬·帕塞特摄）

◀ **法国但恩（Thann），** 1917年6月6日
这是一座被破坏殆尽的城镇。造访阿尔萨斯的但恩之后，一位美国记者写道：“如果但恩某座房舍的屋顶被炸掉了，没人会去修补。修补又有何用？德国人离但恩只有一公里多，可以随心所欲地毁灭这个城镇。时不时地，他们就会发射几十枚炮弹过来——他们把这叫作‘勿忘我’。”编号A11997（保尔·卡斯特劳摄）

▲ **法国兰斯，** 1917年
兰斯埃尔隆广场（Place d'Erlon）上那被炸毁建筑形成的废墟间，儿童们不为所动，玩着他们的撞柱游戏。1906年，那装饰华丽的苏贝（Subé）喷泉完工开放，埃尔隆广场由此成为兰斯最优雅的公共场所之一。十年之后，德军连续不断的轰炸摧毁了广场的大部分建筑，但喷泉本身却在战火中幸免于难。编号A11602 （费尔南·库维尔摄）

◀ **法国兰斯，**1917 年 4 月 6 日
“一战”爆发后 35 天之内，兰斯便遭到德军的围困。战火绵延的大部分时期，兰斯都处于炮火轰击的射程之内。成年累月的炮击，将这一具有重大历史意义的城镇化为废墟，而在以往的辉煌岁月中，作为一项传统，法国国王们都曾在该城恢宏庄严的哥特式大教堂中完成加冕仪式。编号 A11566（保尔·卡斯特劳摄）

▲ **法国兰斯，**1917 年
这些人被称为工兵（Soldats du Génie），属于法军的工程兵军团。这张照片中，在兰斯一座被炸毁建筑的废墟间，工程兵们或许是在试图回收可资利用的建筑材料。编号 A11722 （费尔南·库维尔摄）

► **法国希夫尔瓦勒（Chivres-Val），**1917 年 7 月
这群青年军官隶属于第 370 步兵团。他们簇集在苏瓦松附近希夫尔瓦勒一栋建筑的废墟间拍照留影。库维尔的这张照片是对法国军人之间兄弟情谊的写照，很可能就是拍于 1917 年 7 月 8 日他们在“贵妇小径”（Chemin des Dames）遭到袭击之后不久。名为“贵妇小径”的这个地方是埃纳（Aisne）省一处具有重要战略意义的山岭。编号 A12390（费尔南·库维尔摄）

▲ **法国图克海姆（Turckheim），** 1919 年 10 月 3 日

这一图像，让人联想到广受称道的战争题材画家保罗·纳什（Paul Nash）的油画。这片树林在图克海姆镇附近，而该镇又是坐落于孚日山脉（Vosges）山脚下。树林被烧得光秃秃的，很可能是由于溃退的德军放火所致。这场火灾大劫难之后，图克海姆逐渐成为法国的“花城”（villes fleuries）之一，因鲜花繁盛而闻名遐迩。

编号 A18520（费尔南·库维尔摄）

▲ **法国孔西勒波茨，**1915 年 7 月 24 日
这些士兵隶属于第 98 步兵团。在瓦兹省孔西勒波茨附近一个名为“茅棚”（Les Loges）的村落中，他们从一座空置民房中运走了家具与其他家居用品。从严格的法律意义上来说，这一案例也完全可说是抢劫，但很多士兵却倾向于认为这是合法形式的“废物利用”，可以让他们得到几样东西，而那是提供大活人舒适生活的必需品，也可让战壕中极为糟糕的状况得到些微的人性化改善。编号 A58969（史蒂芬·帕塞特摄）

▲ **法国兰斯，**1917 年 3 月 6 日
战争期间，这些消防员推着手推车穿过兰斯的大街小巷，而车上还载有一只水箱。他们大概属于全法国最忙碌的一个人群。1914 年，一阵炮弹的突袭轰炸之后，一场地狱般的大火在兰斯全城肆虐蔓延，吞噬和焚毁了法兰西最伟大的标志物之一——城里那座中世纪的大教堂。编号 A11589（费尔南·库维尔摄）

▲ **法国兰斯，**1917 年
这个小女孩的名字不得而知，但此照片构图令人一见难忘：一个怀抱玩偶的天真儿童，旁边是几把无人看管的步枪，透出冷酷无情的致命威胁。两种反差极大的元素并置在一处，让此作成为卡恩彩照文献库中最为有力、最为撼动人心的图像之一。编号 A11824（局部细节，费尔南·库维尔摄）

◀ **法国兰斯，**1917 年 4 月 5 日
这位留着夸张华丽的小胡子、戴着钢盔安全帽的仁兄，是一个邮差，正在兰斯城中送信。及至此际，该城已经遭受了持续的战火袭击，但这里还将会面临更多的破坏：这一年的 4 月 16 日，超过 100 万的法国兵力集结到了该地区，在苏瓦松与兰斯之间发起了尼维尔攻势（Nivelle），而这场战役造成的后果是灾难性的。编号 A11548 （保尔・卡斯特劳摄）

▲ **法国兰斯，**1917 年 3 月 6 日
城中这间熟食肉店，用木板加固门脸——徒劳地想抵御战火破坏。考虑到战乱因素，这里的存货应该说是相当充足了。一个士兵正在铺子前询问店主，要购买冷肉。编号 A11605 （费尔南・库维尔摄）

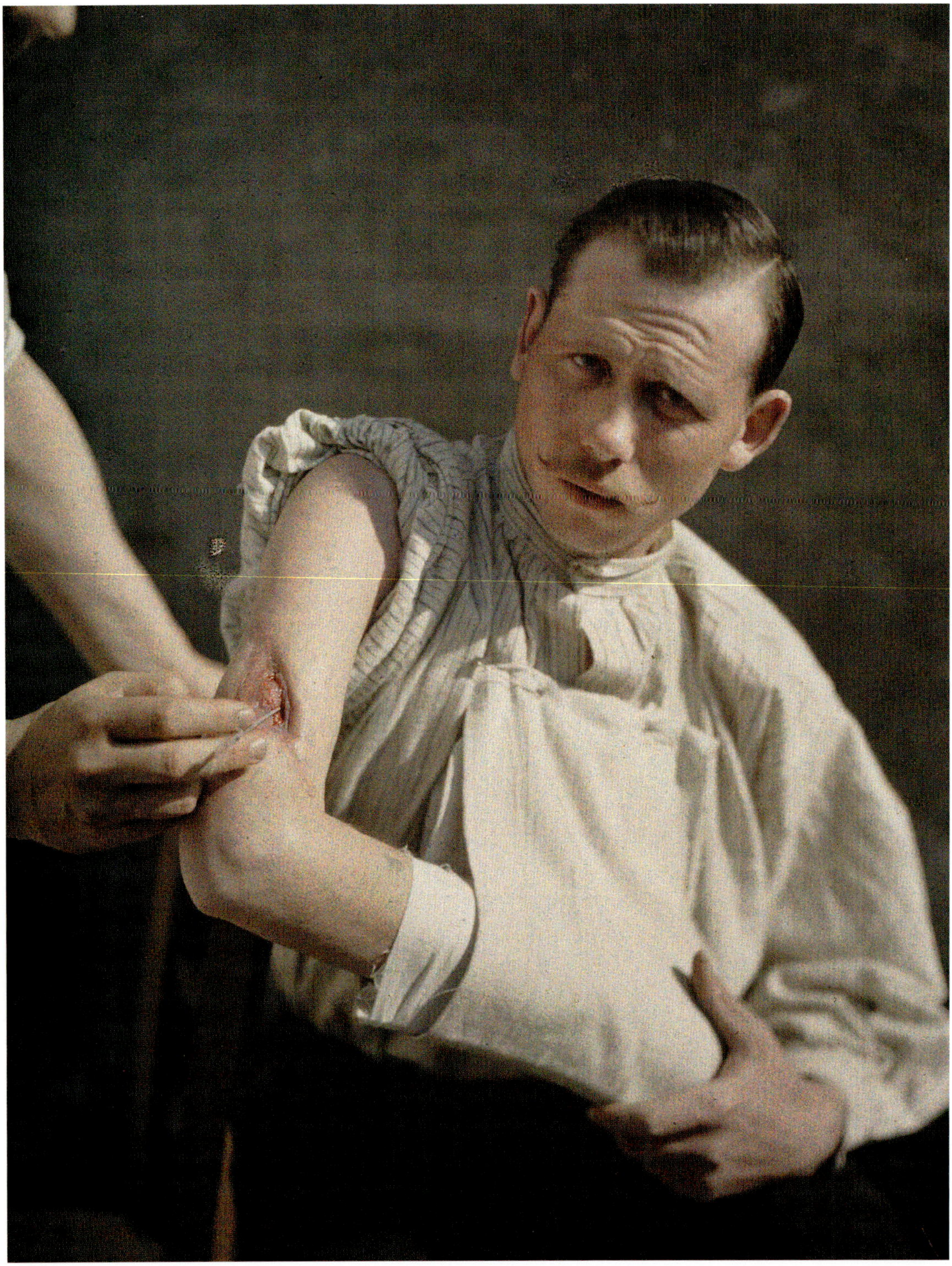

◀ **法国博让西（Beaugency），** 1915 年 8 月 20 日

拍摄于奥尔良附近的博让西。一处军队医院中，一个士兵正在接受治疗；他胳膊这里的伤口来自于八个月前。“一战”中，除了 850 万士兵阵亡，还有数量惊人的伤员，多达 2100 万，而其中约 94.7 万受伤者都是法国人。编号 A6794（奥古斯特·莱昂摄）

▲ **法国莫勒伊（Moreuil），** 1916 年 7 月 30 日

索姆省的莫勒伊市，一座法国军队医院中，护士柯尔瓦贝特、路易丝、伊格特和弗拉戈莱特（Coloimbet, Louis, Egot, Flageollet）与伤兵们合影留念。此照拍于索姆河战役开始一个月之后。那场大会战发动时，伤亡的英国士兵人数达 5.8 万——这也是英军历史上单日死伤人数最惨的纪录。编号 A7794（史蒂芬·帕塞特摄）

▲ **比利时罗斯布吕赫（Roesbrugge），** 1917 年 9 月 7 日

伤兵在休养康复。这里很可能是第 36 号伤员急救站（CCS），位于伊瑟河畔的罗斯布吕赫。这些急救站通常建立在靠近前沿阵地的那些铁路线附近，可为伤员提供迅速及时——常常也对救命至关重要——的手术治疗，然后伤者再被转运到战地医院去，而那些医院的选址一般离作战区域比较远一些。编号 A12940（保尔·卡斯特劳摄）

▲ **法国莫勒伊，**1916 年 7 月 30 日
亚眠市东南十多公里的莫勒伊，一处由古堡改造而成的医院中，一位护士正在照看伤员；阳光轻轻抚触着她的白色制服。照片中，帕塞特恰到好处地利用光线带来的明暗对比，让图中女主角散发出一种天使般的光芒。编号 A7795（史蒂芬·帕塞特摄）

▲ **法国克拉奥内勒（Craonnelle），**1919年8月27日
休战之后的好几年间，法国人都面临一项瘆人的可怕工作，那就是挖坑埋尸骨。除了约170万自家阵亡同胞的遗骨，另外还有来自其他参战国家死者的上百万具遗体都要埋掉。这里，一位法国大兵正监督着德国战俘在兰斯西北24公里外的克拉奥内勒挖墓葬坑。这处公墓安葬了法国、英国和比利时士兵的共约4000具遗骨。编号A17538（乔治·谢瓦利埃摄）

▲ **法国埃纳省，** 战后，日期不详

这场大战（Grande Guerre）夺命无数，但卡恩的影像档案中，呈现尸体状态的照片少之又少。不过，其中还是有的，譬如这一张，拍摄于埃纳省名为“贵妇小径”的一处山地附近，或许是卡恩文献库里同类照片中最直露、也是最令人纠结痛苦的作品。编号 A74356X （拍摄者佚名）

▲ **法国莫勒伊，**1916 年 8 月 15 日
亚眠附近的莫勒伊，牧师在为一群士兵主持教友集会，为他们宣导祈福。20 世纪早期阶段，法国军队中反神职仪式、去宗教化的呼声相当强烈；军方很积极地劝导士兵不必去教堂参加礼拜活动。不过，在那些军衔更低的普通士卒当中，很多人却感到望弥撒之类的宗教聚会能给他们带来安慰。编号 A7812（史蒂芬·帕塞特摄）

▲ **法国莫勒伊，**1917 年 7 月 30 日

1917 年 8 月 28 日与 29 日，德军对利翁斯（Lihons）附近的法军战壕发起了夜间袭击。在这里，莫勒伊的一处公墓中，法军将士在为前两天牺牲的战友们举行集体葬礼。编号 7787（史蒂芬·帕塞特摄）

WOOLLAND
WOOLLAND BROTHERS
WOOLLAND

◀ **英国伦敦，**1919 年 7 月 19 日
“一战”结束，伦敦举办胜利阅兵大游行。同盟国的军人列队经过骑士桥一带的街道，不列颠联合王国的米字旗与法兰西的三色旗在队列上方飘动，猎猎作响。参加活动的士兵有 1.5 万人，其中很多都是在肯辛顿花园的附近安营暂住。而成千上万的市民也在街头露营，为的是及早抢占一个好的位置，以便能更清楚地观看游行队列。编号 A18233 （费尔南·库维尔摄）

Pears Soap
Pears Soap

▲ **英国伦敦，**1919 年 7 月 21 日

胜利游行结束两天之后，伦敦中心区的店铺墙面上依旧点缀着色彩斑斓的旗帜。但从这张照片中可以看出，皮卡迪利圆形广场几乎被遗弃，一片荒寂，气氛消沉阴郁。这些建筑在宣告胜利，但一种更为浓厚的哀悼气氛，一种人去楼空的缺失感，那种巨大民族损失的实际呈现，压倒了胜利的欢庆情绪。编号 18249 （费尔南·库维尔摄）

◀ **英国伦敦，**1919 年 7 月 19 日

计划中的胜利大游行开始之前，议会广场边办公大楼的窗子外面，插满了飘动的旗帜。游行队伍由同盟国各国军队的指挥官带领，从白金汉宫一旁经过，接受国王乔治五世的检阅，而国王所用的检阅台是在白金汉宫外特地修建的。编号 A18238 （费尔南·库维尔摄）

▲ **德国杜塞尔多夫，** 1921 年 5 月 11 日
这些比利时士兵守卫着杜塞尔多夫市内的一座桥。他们是同盟国在莱茵省驻军当中的一部分。战后，法国、英国、美国和比利时在德国的驻军共约 100 万，而其中 3/4 左右都是在莱茵省——法德边境上的这一区域具有至关重要的战略意义。战胜国驻军的存在是莱茵省居民恐惧和害怕情绪的一个来源。他们经常情绪强烈地抱怨说自己受到了虐待，尤其是遭到了法国兵的虐待。编号 A26833 （弗雷德里克·加德默尔摄）

▲ **德国拉廷根（Ratingen），** 1921 年 5 月 11 日

杜塞尔多夫以北靠近拉廷根镇的附近，法国骑兵军乐队的一群乐手正在休息。同盟国军队在莱茵省一直驻扎到了 1930 年；根据《凡尔赛和约》，到了这一年，莱茵省应该成为一处非军事区。但这一协议被希特勒厚颜无耻地践踏和破坏了；1936 年，他下令德国军队重新占领了这一地区。编号 A26840（弗雷德里克·加德默尔摄）

5 远　东

1908 年 12 月 12 日，周六。在卡恩的司机阿尔弗雷德·杜特雷的生命中，这是不同寻常的一天，因为就他本人而言，这一天从来就没有真正存在过。他这天的日记给出了如此解释："对我们来说，这一天不存在。实际上，我们是到了地球的 180º 经线上；在这个点上，我们无论是往东还是往西，到巴黎的距离都是一样的。从此前到现在为止，我们每天都把手表时间向后调慢一个小时，直到表上的时间比巴黎那里慢十二个钟头。眼下，我们在时间中又向前跨越了，而且是一下子跳了二十四小时，我们进入了地球东部的时间，所以比巴黎早了十二个小时。"国际日期变更线，这里恰好是卡恩与杜特雷环球航行之旅的半程标志点。越过这条线六天之后，他们所搭乘的"蒙古"号轮船轻松驶入了亚洲的重要港口城市之一。卡恩与杜特雷登陆时，横滨已经建立起自己的地位，是促进贸易与实业生产的动力源。在 1908 年，这里是很多日本商人定居的家园；通过向欧洲贩售丝绸，这些商人大多获利颇丰。

很多年来，在卡恩的个人情感中，日本一直占据着一个特殊的地位。他对日本的关注迷恋，其根源要回溯到 19 世纪末期；那时，他经手的一些贷款业务，就是为在当年还是日本殖民地的台湾修建铁路提供资金；同样的铁路贷款项目在当时假称为日本保护国、实则就是殖民地的朝鲜半岛也有开展。及至 1899 年，与在日本那新兴的金融领域呼风唤雨、最具影响力的几个人物，卡恩已建立起紧密的工作关系。与卡恩关系最为密切的伙伴中，有一位涩泽荣一（Eiichi Shibusawa）子爵，此人所创立的银行最终成为世界上最大的金融机构之一，也即日本第一劝业银行。卡恩在日本巨额高级金融业务中的参与和牵连达到何种深度，很难有明确的估测或认定：看起来，他与日本的很多交易，都是在相当机密的状态下操作的。卡恩之所以审慎保密，是对当时政治情境的恰当反应，因为日本与俄罗斯之间有发生战争的潜在可能，而这就给两国的局面及卡恩的业务带来了威胁的阴影——如果我们这样猜测，大概也不无道理。

19 世纪 90 年代，俄罗斯从欧洲的几家金融机构得到过贷款，用来采购军备，以及建设重大的基础工程项目，其中包括将横穿西伯利亚的大铁路进一步延长。这一投资极大地增强了俄罗斯的实力，让它可以将帝国控制权进一步扩展到远东，而这种扩张，正是日本所警惕关注的。两国之间的仇隙与敌对不断强化，最终，1904 年的 2 月，日本向俄罗斯宣战。作为俄罗斯的一个盟友，法国受到督促，要求当局告诫银行家，不要向日本提供可能有助于其改善战争实力的任何贷款。尽管如此，这一期间，日本还是得到了七笔金额巨大的外国借款，而其中至少三笔交易的促成，是由卡恩扮演了一个核心经纪人的中间角色。

◀ 日本，约 1912 年。这是经典能剧《桥弁庆》（*Hashi Benkei*）中的一幕：在京都的五条大桥（Gojo bridge）上，武僧弁庆在与孩童牛若丸（Ushiwaka，英雄源义经年幼时的乳名。——译注）挥刀对决。编号 A6592 （局部细节，史蒂芬·帕塞特摄）

▲ 1923 年 2 月，在位于马丁岬角的海滨居所，卡恩招待日本皇室家族的北白川宫成久（Naruhisa Kitashirakawa）亲王与成久王妃房子（Fusako）。编号 C1310（罗杰·杜马摄）

▲ 1909 年初，在卡恩访日期间，客人们聚集在日本驻法国大使本野一郎（Ichiro Motono）位于东京的宅邸花园中。编号 D4621（阿尔弗雷德·杜特雷摄）

1905 年，日本在对俄战争中获得一场轰动性的彻底胜利。但战争付出的代价让日本的经济陷于岌岌可危的脆弱状态。几乎可以肯定，1908 年访日时，卡恩与日本政界及金融界洽商会谈的内容，有相当部分触及了这一议题：是否有可能由他斡旋，来为这个国家获取其急需的资金。毫无疑问，当这些会晤举行之际，卡恩已经得到极大信任，被认为是欧洲融资市场与日本之间的一个可靠的中介人；在一次专为他安排的午餐宴会上，三只金碟子被呈献给卡恩——那是来自明治天皇本人的礼物。

卡恩在日本停留三周，该国一些最具权势的政界要员都将他邀请至家中款待，其中包括两位前首相：松方（Matsukata）以及大隈重信（Shigenobu Okuma）。

根据卡恩的随行仆从杜特雷的记载，这年的 1 月 7 日，他拜访了日本一位势力最强的实业家宫殿般的宅邸。此人名为浅野宗一郎（Soichiro Asano），是一家联合企业与财阀集团的创始人，后来在水泥、石油、采矿、造船与钢铁业中都获得巨额利益。我们的这两位法国旅行者得到主人们的轮流款待，在日本政治、金融与工商业界精英人士所构成的最高社会圈层中左右逢源。不过，尽管当时的日本显然已经相当进步发达，都市化与西化程度也很高，但这个国家依旧给杜特雷带来一连串的文化冲击。他陪同卡恩去东京拜访生意伙伴，却惊诧地发现那些富豪大亨的家中几乎没两样家具。商铺店员们的行为也让他感到困惑，因为他们坚持让顾客穿上鞋套式的拖鞋，然后才允许进入，以免西方“野蛮人”那脏兮兮的鞋底玷污了店内的地板。在杜特雷看来，这种强迫症般的执念进一步证明了他所说的日本人的一大怪癖，就是“过度干净”。

不过，在他们行程中的下一个国度，中国，

杜特雷就不必因大和民族“对卫生的执迷沉溺”而烦恼了。1909年1月13日，卡恩一行离开日本，两天之后抵达上海。他们在支付了高额关税——杜特雷认为那简直就是敲诈勒索——之后，另有两箱的摄影设备被没收。从一开始起，杜特雷便产生了对这一国家的负面印象。关于这段旅程的日记中，起初有一则写道：“于是，我们来到了中国。跟日本差异巨大。严重的贫穷，脏得令人厌恶。”

在所谓的国际租界区，那里的情况就让杜特雷受用得多了。这些区域由来自西方国家——主要是法国、英国与美国——的海外侨民占住，自行管控与治理。租界内建有宽敞漂亮的林荫大道，路两边都是西方风格、经过精心打理的整洁房舍。这些领地，正如其在北京的类似对应场所——位于天安门广场东边的外国使馆区——那样，都是禁止中国人进入的。可以想象得到，中国的很多民族主义者极为厌憎这些租界区，视之为令人痛苦的耻辱象征物，代表着中国的贫弱——跟西方列强相比之下，尤其显得落后。

然而，在那时候，西方的很多旅行者则颇为享受欧洲这些海外飞地范围内的生活氛围；在到访者看来，这里简直是一派狂欢的气息，仿如人间乐园。杜特雷在德国租界区看到那里的士兵正着手庆祝德皇威廉二世的生日，于是写道：“驻地军营特意进行了装饰，非常考究；晚上，这里将要举办一场庆祝会。我注意到，共同驻扎在北京的这些法国士兵与德国士兵之间，情同手足，有着一种深厚的兄弟义气。”当然，杜特雷当时怎么也不会想到，不到五年，这些表现得如此敦厚、淳朴、友好的人们，将会在有史以来最残酷血腥的战场上彼此为敌、野蛮拼杀。

▲1913年6月9日，峨眉山上的伏虎寺，一位裹脚的妇人到此参拜。鞋子上绑的红鞋带暗示，她可能是来自一个富户家庭。编号A1353（史蒂芬·帕塞特摄）

租界之外的地方，图景大为不同。普遍的贫困和随处可见的脏乱污秽让杜特雷大为震惊，而中国劳工所从事的那种伤筋动骨的沉重劳作，也让他颇为不安。他观察到“所有的负重运输都是通过人的脊背来完成”，之后又进一步了解到，如此辛劳地干一天，苦力们也只能挣到45到50个生丁（一法郎等于100生丁）。即使是在1909年，对于这般艰辛的体力付出，作为劳动报酬，这么点钱还是过于微薄了。对于中国的文化习俗，其中有些现象也让杜特雷感到不适或

▲ 东京以北约 160 公里的日光市（Nikko）附近的一处马场上，卡恩的司机兼摄影师杜特雷骑在一匹驯顺可靠的骏马背上留影。编号 D1229

▲ 杜特雷所拍的这张照片中，在南口关隘通道上，卡恩（右二）向一位路人打手势表示问候。编号 D2638

不以为然，比如流传已久的这一传统——妇女缠足。他写道："这一习惯做法，就是在女孩子还只有七八岁时，便将她们脚部的骨头折断扭曲，然后用长布带紧紧裹住双足，以至于脚趾头与脚后跟都被挤压翻折进脚掌下面……这样的残暴邪恶导致了极端的身心痛苦，并让很多年轻女子不幸丧命。"

中国的一些风俗习惯固然让杜特雷感到匪夷所思、心绪难安，但当他到了距离北京约 50 公里位于西北方向的著名的明十三陵，去欣赏那 15 世纪的人物及动物雕像所体现出的皇家风范与尊严气度时，就谈不上有什么心理隔阂或障碍了。这样寻幽访古的体验颇为愉悦，杜特雷与卡恩于是再接再厉，打算在 1 月 24 日去长城观光，那可是比十三陵更为知名的中国文化瑰宝。但这个计划泡汤了：让他们颇感懊恼的是，中国人欢度春节的帷幕已经拉开，开往长城的火车班次取消，他们的计划也随之落空。卡恩慷慨解囊，决定租用一趟火车，作为他与随行人员的包车，开往长城，但对这一提议，车站站长没有表示支持赞许。

来自法兰西的环球游客只好返回北京，但他们意志坚定，决不轻言放弃，一周之后，还是如愿到了长城。他们搭乘一辆装货的敞篷大车，与一头驴共享车上的空间，来到了南口关隘。这一山石嶙峋的通道连接着南口与卡尔干(Kalgan，张家口的蒙语名称。——译注）。不过，卡恩与杜特雷并未带着他们的相机越过关隘。相反，第二天上午，他们便返回了北京；五天之后，又弃岸登船，踏上了回归法兰西的航程。但是，在这四年之后，卡恩的照片库将会得到极大丰富与润饰，而补充进来的影像便是在中国的外蒙古（即今蒙古国。——译注）这片古老而又极具魅惑、令人浮想联翩的土地上拍摄而成。

卡恩的“星球档案”项目中最重要、成果最为显著的拍摄任务之一，是由史蒂芬·帕塞特执行的。1912 年春天，他开始了这趟采风之旅的第一程。根据他发回给自己在巴黎近郊布洛涅—比扬古的雇主的拍摄进程报告来判断，帕塞特这个人绝非那类可以轻描淡写、随口敷衍的角色：总体而言，他的文字风格个性鲜明，在有趣的、牢骚满腹的乖戾抱怨与直率彻底的坏脾气发作之间摇摆转换。尽管如此，他的这种状态还是可谅解的；他“一战”前奔赴远东的这趟长旅，根本不能被描述为风平浪静，而他那尖酸刻薄的、怨怒情绪的表达，也很少是完全的无理取闹。

帕塞特按原计划经由陆上线路去亚洲，也即搭乘俄罗斯的西伯利亚大铁路。然而，那一时期，疆域辽阔的俄罗斯帝国正处于一种极端不稳定的政治局势中。1905 年爆发的第一次俄国革命，让沙皇尼古拉二世勉强保住了帝位与权力，但进一步革命的潜在威胁却孳生、营造出一种病态高热的气氛。因此，当帕塞特试图将他的“货物”——那“高科技”的摄影设备托运带入俄罗斯，所受到的礼遇就是怀疑——这并不令人感到惊讶或意外。在写给法国驻莫斯科总领馆、落款标注为 1912 年 5 月 29 日的一封信中，帕塞特讲述了他的遭遇：

到达亚历山德罗夫之际，我出示了我的火车票，告诉他们我们只是在此中转，还将继续前行。但海关官员们却对此置若罔闻，径直用锤子开始敲打我的九只行李箱，还把箱子颠倒过来检查！我不得不挺身上前，强力制止他们。不过，我出手还是迟了，他们搞坏了两箱的玻璃干板；好在相机没有遭殃，瓶装的显影液也没破漏……到了莫斯科的大都会酒店入住时，我将护照交给店方登记；结果，没过一会儿工夫，警察就赶到了这里，对我问东问西不算，还没收了我的护照，直到我离店时才还给我。

法国总领事亲自出面，才让帕塞特被扣押的设备得以返还。但这位摄影师的麻烦实际上才刚刚开始。

他终于来到了中国；其时，宣统皇帝，也即末代皇帝溥仪，被迫退位才仅仅过去了四个月。溥仪年仅三岁就被推上了王座，但在他即位时，这位年幼的统治者所拥有的帝国江山已然开始分崩离析。1912 年 6 月，帕塞特到达北京，开始拍摄记录这座城市中居民们的生存状态，而北京不久前才刚刚被宣布为中华民国的新首都，但这个国家当时已经处于政治分裂与瓦解的边缘。尽管局势动荡不安，帕塞特在中国还是拍摄了 400 张左右的彩色照片。主要来说，这些作品所呈现的，是那从古至今、似乎永恒不变的乡村中国生活：农民们脱粒打谷、碾磨谷物；村夫农妇们栽种和采收根茎类蔬菜；铁匠、篮筐编制者与丝绸织造工们勤劳地忙碌于他们那古老的行当。

下一步，帕塞特打算去外蒙古历险，比卡恩与杜特雷几年前走得更远。他想游访乌兰巴托（乌兰巴托是现今的蒙古国首都。该地附近一带在当时被称为“库伦”。——译注），但在他即

▲ 史蒂芬·帕塞特勇敢无畏，于 1913 年夏天第二次造访外蒙古。这张自拍肖像中，帕塞特在外蒙古与俄罗斯的边界附近打猎，猎获了这些用作午餐的野味后，他站到了相机镜头前。编号 A5469

▲ 惩罚，蒙古族式的惩罚。1913 年 7 月 24 日拍摄的这张照片中，这个人被示众羞辱，颈间戴着木枷锁，木板上还写有文字，说明他所犯下的罪行。编号 A3972 （史蒂芬·帕塞特摄）

将动身时，法国领事馆的官员们向他提出危险警示，劝他放弃计划。但是，这位大无畏的摄影师没被吓住，毅然前行。在写给卡恩、注明日期为 1912 年 7 月 24 日的一封信中，帕塞特对自己这一时期的历险进行了生动有趣的描述：

我决心已定，要从那里拍一些片子带回来。在一个完全没有道路的地方旅行，固然困难重重，但好在我足够幸运，误打误撞走进了五处蒙古族人的村落，在那里发现了这些游牧民；他们真是非常有趣……在每一处村落，我都受到了接待……当地的头人邀请我进入他的帐篷。我只好入乡随俗，双腿交叉盘起，坐在地上，喝主人殷勤劝饮的马奶酒——那是一种令人作呕的烈性酒，味道辛辣得可怕，是用牝马的奶汁发酵酿造。我尽力克服了自己对这玩意儿的厌恶感；幸亏有如此表现，我才得到许可去拍那些帐篷，那些蒙古族男人与女人。妇女们不愿意拍照，但头人命令她们配合我的镜头。这位热情的头人尽其所能，希望我在他的领地上能过得开心。这些蒙古族人有着一种在汉族人身上找不到的特质，一种野性的骄傲，一种粗犷的自豪感；这就让人根本无法投桃报李地感谢他们的盛情——如果你执意要送给他们什么，那只会让他们生气恼火。

让人莫名其妙、捉摸不透的是，帕塞特这次的旅行只持续了四天，然后就离开了亚洲。在巴尔干半岛与摩洛哥完成了另外的重大拍摄任务之后，他于 1913 年夏天又重返外蒙古。第二次造访此地，帕塞特有了充足的时间，与蒙古族人密切接触，来深入了解这一游牧民族的生活，并为之留下令人叹赏的影像记录。他的外蒙古专题作品由纪录片与照片混合组成，气氛颇为欢快愉悦，探讨了决定蒙古民族社会运转模式的那些微妙而又错综复杂的深层力量。他的短片拍摄了这个民族最受欢迎的一项对抗性运动——摔跤，而这一竞技项目是对雄性力量的展示，带有明显的挑衅与攻击性。他出品的一些猎人照片相当吸引眼球：这些人仍在使用古老的火绳枪，并以此为荣。帕塞特的照片经常将蒙古族人尊卑贵贱的社会等级细微差异融入画面，含蓄地体现在人们所穿民族服装那令人眼花缭乱的色彩组合上。约有 1/5 的蒙古族男性是僧侣，他们的家园就是那些藏传佛教寺院；帕塞特捕捉的寺院场景引人入胜。但他作品中最令人难忘的那类影像，或许还是关于那里的刑事司法实践：从这些让人不寒而栗的照片中，我们可以粗略地看到那里惩罚和羞辱违法犯罪者的方式方法——鉴于蒙古族是个游牧民族，必要的情况下，戴着刑具的罪犯还要跟随民众流动迁徙。

帕塞特很有创作才华，而且精力无限、不知疲倦；他还希望能将日本也纳入自己的亚洲行程。很遗憾，出于不可确知的原因，他漫游历险之旅中的这一程未能发生——对具体意义上的卡恩影像档案和笼统意义上的后世读者而言，这都是一个遗憾。取代日本之行的是，1913 年 12 月，帕塞特到达了一个具有重要象征符号意义的地方，而该地属于亚洲大陆另一个具有古老文化的国度。

瓦拉纳西骄傲地伫立在恒河西岸，是印度教传统中最神圣的城镇之一。每年，有千千万万的朝圣者不辞劳苦来到这里，在河水中沐浴，而这样做被认为将带来无边的吉祥与幸运。在河边斜坡间的石阶平台上，虔诚的信徒们为死者进行火葬，然后将骨灰撒入恒河。死者的亲友们为此而感到心安；他们确信，对一个虔敬的印度教徒而言，除了恒河，没有更好的终极安息地可供选择。

帕塞特的纪录片与照片雄辩有力地证明了，他对印度有着浓厚的兴趣，而他对印度的观察和凝视可谓目不转睛：印度令他神魂颠倒，着迷又困惑。很明显，那些随处游走的印度教苦修者、托钵僧尤其让他深受吸引：有好几张照片的主角就是那些披着脏辫、弃绝一切俗念的“圣人”；他们让自己与物欲世界断绝关系，参加和施行各种极端的（实在来讲，有时候也是饱受非议、令人所不齿的）苦行、自残献祭般的修炼仪式以及性行为。根据历史学者玛丽亚·米斯拉（Maria Misra）所提出的见解，随着圣雄甘地的威望日渐攀升（甘地塑造的自我形象也是一位笃信宗教的托钵僧，但带有强烈的道德讯息与政治诉求），这些浪迹风尘的“圣人”也将被逐渐拉入反殖民的非暴力不合作运动，而这一运动动摇了英国在

▲ 瓦拉纳西，恒河岸边的坡地平台与石阶码头，摄于 1914 年 1 月。瓦拉纳西是世界上持续有人居住的、最古老的城镇之一，如今依旧是很多印度教徒的一处朝圣之地。编号 A4436（史蒂芬·帕塞特摄）

印度的统治，并最终推翻了殖民政权。如果说帕塞特已经预感到了印度独立的这一前景，他看似也不会去为英国统治地位在当地的丧失而哀悼。他的照片几乎没有去反映殖民者的存在；当他与统治印度的英国霸权大老爷们直接遭遇时，他的体验也颇为不快。

1914 年 1 月，帕塞特向西北方向进发，去往凯伯尔（Khyber）隘口；这是一条危险的长途通道，处于战略上的敏感地带，连接着今日的巴基斯坦与阿富汗。隘口通道区域内，生活着阿弗里迪（Afridi）宗族部落。他们多数都信奉伊斯兰教，属于这一地区的普什图（Pushtun）人，有着一种引以为豪的武士传统，在很大程度上拒绝和抵触英国人强加的统治秩序。帕塞特希望能用照片定格记录这一部落那丰富而独特的文化，于是向殖民政府的管理者提出申请，要求允许他进入隘口山道，但他的请求遭到了否决。在日期标注为 1914 年 1 月 19 日、写给让·布吕纳的一封信中，我们那脾气暴躁又任性的摄影师毫不掩饰他的轻蔑之情，对阻挠其创作计划和打击其事业雄心的殖民者大加挞伐：

英国佬是野蛮人。我在孟买得到的第一印象眼下在这里得到了确认和证实。我被他们认为是间谍，甚或是罪犯——我的要求在他们那里引起的反应，除了怀疑，就没有别的。来到这里的其他任何人，都获准进入凯伯尔通道，但我却被禁止，连靠近隘口都不行。离那里还有差不多十五公里，我就被拦截了。我问隘口的管理当局，他们这么做是何道理，也向他们提交了所有的证明文件，强调指出我事实上只是要借道这里去阿富汗，去看看那里的几座村庄。我所有的请求都被即刻拒绝了。我随身带着沉重的设备，在二十四小时内辛苦地赶了两程火车，得到的结果却是如此！就这样被打发回去，一无所获。

卖马的牲口贩子不敢卖马给我，做租车生意的也不肯租车给我，我只能离开这座英国人统治的小镇。这里的长官警告我，如果我企图越境，只会遭到驱逐，被押送返回到军方基地。这样的礼遇可真够诱人的……这些家伙甚至都懒得费点儿事去正儿八经地看一下我交给他们的文书。他们冷若冰霜、僵化教条，就跟他们那上过浆的衣领一样死板。这些弱智蠢材，不可理喻，毫无教养，简直还未开化。我为此信中的语气感到抱歉，但这里表达出的仅仅是我全部想法中的一小部分。

最终，通过迂回绕行的线路，帕塞特克服了所有这些阻碍，成功拍摄了一系列精彩的影像，其中的主角是阿弗里迪的孩童，他们以活力四射、朝气蓬勃的动作展示当地的民间舞蹈。英国人毫不通融，充满戒备与敌意，但帕塞特设法摆脱和战胜了这些不利因素。下一次，卡恩雇请的另一位摄影师造访印度时，官方机构对他的态度却截然不同，与帕塞特所得到的“款待”大相径庭。

1927 年，电影摄像师与彩照摄影师罗杰·杜马（1891—1972）远赴印度考察，而这也是卡恩“星球档案”项目中最后的一趟印度之行。抵达印度之前，杜马先到访日本；他在那里拍的纪录片和照片为人们呈现了一个举国哀悼的民族：1926 年的圣诞日，大正天皇驾崩；超过 100 万人聚集在东京的中心区，向西方国家通常称之为嘉仁（Yoshihito）的这位皇帝作别。杜马在日本所拍的影片中，带有明显可感的黯然忧郁情绪，与他所出品的印度影像中愉悦欢庆的气氛构成了鲜明的反差。在印度，正举办一连串排场盛大、气派奢华的庆祝活动，来纪念卡普塔拉（Kapurthala）的邦主大君亚伽伊特·辛格（Jagatjit Singh）即位五十周年；杜马获得许可，自由进入庆典现场进行拍摄。

这位土邦君主是卡恩的故交，曾于 1923 年夏天来到后者位于布洛涅—比扬谷的寓所拜访。倘若论及私生活，这两人正好处于对立的两极：卡恩终生都是单身，而亚伽伊特则有过六次婚姻（其中包括一场尤其受人非议的联姻——这位大君娶了一位名为安妮塔·德尔加多 /Anita Delgado 的西班牙弗拉明戈舞女）。不过，这两人也有很多共同之处。他们都非常富有，对国际事务很感兴趣，而且都相当认同和欣赏法国文化。亚伽伊特以此表达他对法国文化的仰慕之情：卡普塔拉经他大加改造，成了有些人口中所指称的“旁遮普省的巴黎”。他出资聘请法国建筑师，设计了一项雄心勃勃的重建与再生规划，让相对来说是死气沉沉、一成不变、不伦不类的

▲ 这位弃绝一切的印度教修行者，留着脏污不堪的长辫，脸上身上都涂满死者火化后的骨灰粉；这象征着死亡与再生的往复循环，而这是印度教信念的核心。1914 年 1 月 11 日摄于拉合尔（Lahore）。编号 A4400 （史蒂芬·帕塞特摄）

印度一处穷乡僻壤变身为一座颇具法兰西风情的城镇；城中点缀着优雅的建筑，约略模仿了枫丹白露与凡尔赛宫的风格。

帕塞特在印度的经历可谓是让人愤怒恼火的重重挫折，这导致了一长串的牢骚抱怨，而杜马看来则享有毫无约束的行动自由，可以随意接近邦主大君及其朋友圈中位高权重、声名显赫的印度贵族——这些人中有很多都来到卡普塔拉出席五十周年庆典。杜马得到充分信任，可将镜头对准印度最具权势的那些大人物，其中包括当时刚刚上任的大英帝国驻印度总督欧文（Irwin）勋爵。差不多十年的岁月之后，欧文——其时已是英国的外务大臣、人所共知的哈里法克斯子爵——将会成为一位公开发声、卖力聒噪的意见领袖，只可惜他力挺的是一项灾难性的绥靖政策：对纳粹德国的局部入侵加以容忍和让步。但在 1926—1931 年期间，当欧文面对甘地领导的、致力于争取民族自决和国家独立的非暴力不合作运动时，他却毫不手软，动用武力去解除现存殖民秩序所遭受的威胁，而且还心安理得。坐镇总督府的任职期间，欧文还实行了其他的高压统治措施，其中就包括军事管制手段；当局颁布有不公正的恶法，保护政府对于盐业的垄断经营，而大约有五万人就是因违反此律例而被收监入狱。

有些销蚀性的政治力量，已然在逐渐瓦解欧文与土著邦主们的权威，在危及或破坏他们的尊贵声望，但卡恩文献库里关于卡普塔拉庆典仪式的照片中，基本上没有可见的视觉线索来暗示或揭露这些潜在的变化。不过，杜马所拍的那些纪录片，比如达官显贵们出外狩猎打野鸭，比如骑在象背上招摇过市的豪华阵列，比如“纳瓦布”（印度裔行政长官或在当地发迹的欧洲人）与总督们觥筹交错、把酒言欢，比如土邦大君们称体重再以同样重量的银条犒赏属下或民众，这些都将构成一份影像遗产中的部分内容；而关于那一方殖民地上行将就木、处于弥留之际的社会和政治层级体系，这份遗产是最早（同时也是最后）的视觉记录。及至 1947 年，土邦君主与大英帝国的主权地位都将永远让位给一个独立国家。尽管杜马自己未能意识到，但他所出品的一系列彩照，实际上相当于是给一具正在凋萎消亡、已经奄奄一息的殖民统治的将死之身涂抹了一层防腐香膏，让后人得以一瞥其遗容。

▲1927 年 11 月，卡普塔拉的邦主大君亚伽伊特·辛格即位五十周年庆典，大英帝国驻印度总督欧文勋爵及夫人分别站立于辛格的左右。编号 A59290 （罗杰·杜马摄）

◀ **日本，**约 1912 年 8 月

能剧《望月》（*Mochizuki*）中的领衔主演正在表演日本的“狮子舞”。能剧或能乐的剧场演出可上溯至 14 世纪，至今仍是日本有生命力的一种艺术形式。在东京的国立能乐堂，演员们依旧面对满场观众进行演出。编号 A6591 （史蒂芬·帕塞特摄）

▲ **日本京都，**约 1912 年 8 月

京都为日本旧都；这里的两位艺伎拉着一名年轻舞伎或艺伎学徒的手。大部分舞伎女生要经过五年的训练，学习舞蹈、歌唱与音乐技巧，然后才会被认可为成熟合格的艺伎。20 世纪 20 年代，日本约有八万名艺伎。如今仍在从事这项艺术的，据估计只有一万人。编号 A6600（局部细节，史蒂芬·帕塞特摄）

▲ **日本高轮（Takanawa），** 1926 或 1927 年

高轮现为东京一处地名。这里是位于高轮的皇室家族宅邸的院落；照片中坐于正前方的是卡恩的老朋友北白川宫成久亲王的王妃房子。王妃右手边，坐在小公主妙子（Taeko）身后的，是秩父宫雍仁亲王；他是日本菊花王朝王位法定继承人裕仁亲王（1927 年即位成为天皇）的弟弟。王妃左手边，是她的儿子，北白川宫永久王；这位王子死于 1940 年的一次飞机失事。编号 A68635X（罗杰·杜马摄）

► **日本，** 1926 或 1927 年

在 20 世纪 20 年代中期的日本，这位年轻女子会被人们叫作"摩姑"，也即"摩登姑娘"。她穿的虽然是传统的大和民族风格的夏季和服，但她选择的发型则毫无传统可言：她剪了短发蘑菇头，而那是当时西方潮流女郎所追捧的最新时尚。编号 A68876 （罗杰·杜马摄）

▲ **中国北京，**1912 年 6 月 29 日
最初的清晏舫是乾隆皇帝下令建造的，完成于 1755 年；这一用大理石构筑出的石舫，意在象征清王朝持久不衰的皇家国力，但只“持久”了百来年：1860 年，法国与英国联军毁掉了清晏舫。石舫随后又重建，还是大理石材质，但采用了带有西方风格的新设计——轮式桨片推动的密西西比河明轮汽船与中国画舫拼凑成的混合体。编号 A572（史蒂芬·帕塞特摄）

▲ **中国内蒙古，**1912 年 7 月 18 日
这是一处蒙古包暂居点；图中一些男子与妇女穿着被称为“德勒”的传统的蒙古式样长袍。最左侧的男子看似赤足，因此他或许是一名仆役。这群人身后，一座蒙古包的斜圆顶上放有奶酪，等着自然干燥。编号 A763 （史蒂芬·帕塞特摄）

▲ **中国北京，**1913 年 6 月 26 日
尽管图中人物的身份不得而知，但根据其装饰繁复的袍服与华丽的高帽状头饰，可大概确定他是一位住持喇嘛，负责监管指导重要的藏传佛教典礼仪式，其中也包括葬礼火化事宜。编号 A3995（史蒂芬·帕塞特摄）

▲ **中国北京，**1912 年 6 月 23 日
桥上的这位男子留着清朝传统的发辫。中华民国于 1912 年成立之后，废除了清朝时期强制蓄发留辫子的立法。17 世纪，当留辫子这一规定最初被强加给汉族人时，如果有不遵照执行者，甚至会惨遭处死。编号 A720（史蒂芬·帕塞特摄）

▲ **中国南口，**1912 年 7 月 19 日

中国长城的建造，前后持续了一千多年。长城长约 6694.9 公里（4160 英里）；就累加起来的建筑体量而言，这是世上有史以来最大的人造物。帕塞特的这张照片拍摄于南口，而卡恩与杜特雷在 1908—1909 年进行的环球旅行中也造访了这同一处地方。编号 A731 （史蒂芬·帕塞特摄）

本號收買荒金葉黃赤金

▲ **中国沈阳，**1913 年

人们采用中国传统的方法在切割石材；该方法极为耗时费力。这整块巨石切开之后，或许会做成刻字的石碑，而石碑的用途要么是墓碑，要么就是作为纪念性的碑刻立石。编号 A5487（史蒂芬·帕塞特摄）

◀ **中国沈阳，**1912 年 5 月或 6 月

这是东北沈阳市内的金饰珠宝一条街。沈阳旧称奉天，在满族语中被称为“牟克敦”（Mukden）。1931 年 9 月，沈阳遭到日军入侵——这是更多军事行动的前奏，因为日本图谋占领整个东北；到了当年年底，日本人完成了计划。编号 A70101X（史蒂芬·帕塞特摄）

▲ **中国南苑，**1913 年 5 月 25 日—6 月 27 日
图中双手背在身后、头戴软木遮阳帽的是法国航空业先驱雷尼·高德隆（René Caudron）；他站在一架由自己设计的高德隆 G-2 型复翼飞机前面。图中的地点是即将开放使用的南苑机场，这里也是中国最早培养未来飞行员的训练场。编号 A68607 （史蒂芬·帕塞特摄）

▲ **中国沈阳，**1912 年 5 月
孩子们身后是高大壮观的城墙，城墙环绕包围着的便是东北辽宁省的省会沈阳。城墙修建于 18 世纪，但 1949 年之后，这些巨大的城墙被拆毁。编号 A765 （史蒂芬·帕塞特摄）

◀ **中国曲阜，**1913 年 6 月 14 日
山东曲阜那庞大的孔庙建筑群中，这位年轻人依靠在一根柱子旁留影。孔庙是为向中国古代伟大的至圣先师——孔子表达敬意而建；公元前 551 年，孔子生于这一处地址上的某座房屋中。孔庙是中国规模最大的屋宇建筑遗产之一，在体量大小上仅次于紫禁城。编号 A1273 （史蒂芬·帕塞特摄）

▲ **库伦，**1913 年 7 月 21 日
库伦（Ourga）位于今日的蒙古国首都乌兰巴托附近。这里，一处寺院的一列白色佛塔前，大小喇嘛们结伴出行。在寺院内侧，虔诚的信众转动着转经筒，转经筒上面刻有佛教经文。
编号 A3979 （史蒂芬·帕塞特摄）

▲ **库伦，**1913年7月24日
这位身穿引人瞩目的华丽金色服饰的大喇嘛是蒙古族佛教僧众层级体系中最重要的人物。此照拍摄于1913年。当时，外蒙古尊崇佛教，这为佛教僧侣带来了极大的权力。编号A3967（史蒂芬·帕塞特摄）

► **库伦，**1913年7月23日
图中是蒙古人种喀尔喀部族的一位公主。这位公主一身蒙古族贵族女性的传统装束。那些银饰以及式样繁复的头饰上所点缀的宝石，一起指示出公主那尊尚崇高的地位。那种羽饰头冠名为“孛黑塔”（boqtaq）罟罟冠。编号A3962（局部细节，史蒂芬·帕塞特摄）

▲ **库伦，** 1913 年 7 月 20 日
这些蒙古包在蒙语中被称为“盖尔”，而在西方人口中当然就是圆顶帐篷。蒙古包是用羊毛毡绑缚在木质格子框架上搭建而成，因此易于拆解和重新搭建，半小时即可完成。对于干性大草原上的游牧民而言，这是方便又理想的居所。**编号 A3959 （史蒂芬·帕塞特摄）**

▲ **外蒙古，**1913 年 7 月 20 日
帕塞特旅行拍摄期间，随处流动迁徙的蒙古族猎人们仍在使用火绳枪来射杀猎物。图中的这位猎手，看起来可能是靠售卖狐狸与狼之类猎物的皮毛为生。编号 A3948
（史蒂芬·帕塞特摄）

▲ **库伦，**1913 年 7 月 25 日
这张令人痛苦不安的照片拍摄于库伦这一带。一个蒙古族女囚犯正在挣扎，试图从禁锢她的木板条囚笼中将自己释放出来。根据帕塞特的见解，此女是因为通奸而被囚禁，但当时蒙古族人对性行为道德规范这类事情抱持着一种相对宽松的态度，因此这个女囚更有可能是被裁定犯了更严重的罪行。编号 A3973 （史蒂芬·帕塞特摄）

► **库伦，**1913 年 7 月 25 日
蒙古族人惩处罪犯的方式多种多样，以适应这个游牧民族社会的需求。正如我们在此看到的，罪犯有可能会被锁在沉重的大铁链子里；这样的措施，既可以防止犯人逃跑，而当人们在大草原上转场迁徙时，又能让犯人一路移动跟随。编号 A3971 （史蒂芬·帕塞特摄）

◀ **印度艾哈迈达巴德（Ahmedabad），** 1913年12月20日
照片拍摄于艾哈迈达巴德的哈蒂辛格（Hathi Singh）耆那教寺庙。前景中的男人很可能是一位婆罗门。他身后站着的是一位耆那教僧侣，属于"白衣派"（svetambara）这一分支；此派别的拥护者总是身穿白色衣物。编号A4176（史蒂芬·帕塞特摄）

▲ **印度阿格拉（Agra），** 1913年12月29日
来到阿格拉的旅行者，大部分都会将镜头对准那里最著名的一些古建筑，尤其是那无与伦比、洁白闪亮的泰姬陵。而帕塞特在此所捕捉的则是这一城镇中最平凡的日常生活场景。不过，他那些以一百年前普通街道与普通民众为主体的照片，看上去也跟他所拍的阿格拉附近那些世界闻名的地标古迹显得同样杰出与珍贵。编号A4341 （史蒂芬·帕塞特摄）

◀ **印度德里，**1914 年 1 月 23 日
帕塞特将他造访贾玛清真寺（Jama Masjid）的日期安排为信众朝拜的那一天：每周五，通常有数量庞大的信徒来寺中参拜朝觐。该寺由莫卧儿王朝皇帝沙贾汗（Shah Jahan）下令修建，完成于 1656 年，如今仍是印度最大的清真寺之一：仅其庭院便能容纳 25000 名朝拜者。编号 A70601 （史蒂芬·帕塞特摄）

◀ **印度孟买，**1913 年 12 月 16 日
在穿越印度的整个行程中，帕塞特对各地的宗教习俗和实践都详加考察，并出品了很多精致细腻的影像。在孟买，他拍下了这位“萨都”（也即圣人）；这位“萨都”正手捧一本神圣的印度文经书，为周围的人读出书中片段。编号 A4367 （史蒂芬·帕塞特摄）

▲ **印度孟买，**1913 年 12 月 17 日
这张夺人视线的照片中，一个“萨都五人组”正晃悠在孟买的街头。与基督教传统中的僧侣不同，印度教的这些圣人们倾向于在寺庙之外的地方生活和修行，很多是住在丛林或山洞中。据估测，如今仍有多达 400 万的印度人过着“萨都”那种苦行禁欲的生活。编号 A4370 （史蒂芬·帕塞特摄）

▲ **印度卡普塔拉，**1927 年 11 月或 12 月

在印度，数百年来，牛车都被用作一种交通工具，牛也被用作最常见的负重驮畜，而且在这个国家的大部分地方，至今仍是如此。印度人对牛极为尊崇，视之为神物，因此牛享有独特的地位：在印度某些邦，杀牛被视同为犯罪，所处的刑罚甚至是长达十年的监禁。编号 A59389 （罗杰・杜马摄）

▲ **印度卡普塔拉，** 1927 年 11 月

卡普塔拉土邦大君即位五十周年，举行大规模庆典。作为庆祝活动的一部分，这位君主宫殿中的游廊被临时改造为一处祈祷室，用于印度教的礼拜仪式。典礼程序的最后，大君站到一台秤上，称出体重，然后，与体重同等分量的金、银与食物会被分发给穷困百姓。编号 A59289 （罗杰·杜马摄）

◀ **印度卡普塔拉，**1927 年 11 月

印度贵族阶层中的精英群体会聚一堂，为卡普塔拉土邦君主亚伽伊特·辛格即位五十周年进行庆祝。这些来自印度各王侯邦郡属地的显赫贵宾，受到大君的奢靡款待，娱乐项目包括猎虎和华丽的大象列队游行表演。不过，尽管他们派头十足，衣履极其奢华，场面铺张无度，这些印度的前统治者们却无力掌控自己的命运。编号 A59293 （罗杰·杜马摄）

▲ **印度德里，**1914年1月7日
德里附近，一群印度土著吊唁者参加一场火化仪式。1912年，英国统治者将德里确定为印度的新首都。根据帕塞特的记述，干牛粪被用作火葬燃料，替代了常见的柴堆，这就暗示着死者不是来自富有家庭，而有钱人家则选择使用木柴来焚烧。
编号 A69587X（史蒂芬·帕塞特摄）

► **斯里兰卡科伦坡，**1914年7月22日
斯里兰卡的首府科伦坡，一个水果小贩正出售红毛丹。莱昂·布希（Léon Busy）到访之际，这个岛国的名字还是锡兰，仍是大英帝国的一块属地。1948年，斯里兰卡最终获得独立，而在此前的几乎一百五十年间，这里都是英国皇家的直辖殖民地。编号 A5082 （莱昂·布希摄）

6 印度支那

1914年7月2日，周日，一位名为莱昂·布希（1874—1950）的法国军官在马赛登船；轮船行驶的目的地为河内，也即法兰西海外属地印度支那的首府。这趟航程将让布希与他原先已经很了解的那片土地再续前缘。此前的四次职务安排，布希都被派驻到了那里——法兰西共和国所称的"远东明珠"。布希当然预料不到，他这第五次起程前往东方之后不到一个月，身后的祖国就因德国的入侵而陷于危局与战乱。

就在离动身日期还有几周时，布希给让·布吕纳写了一封信。信中，他毛遂自荐，提出在即将开始的印度支那新任期内，为卡恩的"星球档案"项目拍摄照片。除了提及他对当地十分熟悉以外，布希还指出，在由声誉卓越的法兰西摄影协会组织的最近一期赛事中，他的彩色照片荣获了一等奖。布吕纳对此信的回复已经遗失，但无疑的是，他对布希的资质高度满意，即刻接受了后者的自荐。从美学角度来说，布吕纳的这一用人决定将被证明是极为明智的，因为，在随后的两年半内，布希为卡恩的档案库所增加的有些影像，可谓是居于那些最为赏心悦目、最为令人陶醉的照片之列。

布希抵达河内时，法国与其在亚洲的这一首要殖民地之间的人员流动，大部分都是在和他相反的方向上进行。从1914年到1918年，差不多有十万人（大约一半是行政内务雇员，一半是征募来的士兵）被从殖民地派遣到法国，去支援那里的对德战争。战事进程期间，有数千数万的援助者曾在最残酷血腥的战役中浴血奋战，其中就包括索姆河战役。这些越南士兵在前线为法兰西捐躯，而与此同时，他们在本国的同胞中，却有越来越多的人正试图推翻宗主国的殖民统治事业。

19世纪，在一连串复杂的事件之后，法属印度支那出现在世界版图上。19世纪50年代晚期，在这一地区活动的天主教传教士受到攻击，法兰西皇帝拿破仑三世发起海军远征讨伐；及至

▲一身戎装的莱昂·布希。卡恩照片库中部分最为精美的图像，由他贡献。编号CB911（莱昂·布希摄）

◀这些姑娘是人体棋子。庆典与重大节日期间，这种"活动棋"的游戏会上演。能被挑中出现在棋盘上，被认为是一种荣耀。编号A10395（局部细节，莱昂·布希摄）

▲ 这一整套的用具是用于吸食鸦片的。在越南，吸鸦片是一种放纵的社交活动，通常与好友共同体验，还具有相当考究的礼仪程式，可延续数小时之久。编号 A6668（莱昂·布希摄）

1859 年，法国武装力量已经将岘港与西贡置于掌控之中。到了 1867 年，法国人所称的交趾支那——位于今日越南南部的一个地区——的大部分区域，已经处于他们的统治之下。随后的几年间，这些欧洲人进一步北上，逐渐控制了这个国家的其余领土，并将这些地方划定为两个受保护属地来分别加以管辖：北方的东京（Tonkin，越南北部旧称。——译注），以及越南中心地带的安南。

历史上的越南曾长期是中国的藩属国。中国对法国提出交涉，申张其对该地域的所有权，于是有了 1884—1885 年的中法战争。中国落败后，法国分别于 1887 年和 1893 年将柬埔寨与老挝纳入囊中，最终构成了“印度支那联邦”。正如在 19 世纪的殖民叙事中所常见的，原住民们的抵御反抗都遭到了武力镇压，而这些武装力量当然不会受到道德原则或者人类尊严的过度约束或妨碍。当地的起义或暴动，经常是由越南那些受过教育的旧官僚及士大夫阶层牵头策动，在殖民年代也时有发生，但总的来说，都被强硬扼杀，而统治者绝不会因良心不安而手软。胆敢揭竿而起、要求独立的，很多人都得到了法兰西管理当局的殷勤礼遇：要么是断头台，要么就是法国步兵的子弹。

当布希正忙于为卡恩的项目拍摄照片之际，越南也爆发了几次重大的反叛风波。1916 年 2 月，叛乱者抢占了西贡的一座监狱；三个月之后，在河内，越南士兵得到该国孩童皇帝阮福晃（Duy Tân，被法国人立为傀儡国王）的授意与支持，又试图发动政变。仅举出这两个片段，例证说明那一时期土著民众发起的反法骚乱是多么频繁。这种不安动荡的局面原本是殖民统治的并发症，而法国管理者的盘剥日益加剧，引起普遍的怨愤，这就让叛乱获得了额外的动力。越南人怨声载道，除了迁怒于当权者所实行的不公平的税收制度（法国人自己享有完全的税收豁免权），政府对一系列商品的垄断经营更让他们不满：从农产品到盐、酒类都被垄断，尤其可恨的是，鸦片也不例外。

看起来似乎如此：布希未曾亲眼目睹其法国同胞那些最恶劣的侵害行径——这绝非完全

不可能。布希的军阶是军需供应副官（sous-intendant-militaire），实际上就是一处后勤点的事务长，其主要职责因此停留于后勤保障与军需补给的范围内。他在殖民地服役经历中的细节，可知者甚少，但我们大概可以有把握地认定，如果允许选择，布希想来会对拍照片更为热衷；他喜欢将相机镜头而不是拿枪口对准那些“土著”。

事实上，居留在越南的法国殖民者很少会进入布希的取景框。但他也有几张照片，具体形象地阐释了自己的同胞正在以何种方式逐渐改变着印度支那。在他所记录的河内市容风景中，法国殖民者的住宅成排延伸在宽阔的、高卢式风格样貌的林荫大道两侧。他还拍摄了法国人在红河上修建的保罗·杜梅大桥；这一大型的建筑被身为作家和学者的乔治·布达里（Georges Boudarel）描述成是“殖民地传来的、对埃菲尔铁塔的呼应”。

▲ 保罗·杜梅大桥，现在通称为龙边桥，是由古斯塔夫·埃菲尔（Gustave Eiffel）设计，竣工于 1902 年。越战期间，此桥遭到反复轰炸。编号 A6632 （莱昂·布希摄）

不过，更多的情形下，布希的注意力都被越南及其人民的服饰、劳动生活、闲暇时段的娱乐活动、宗教习俗、饮食烹饪传统与社会地位等级关系所吸引。他出品的影像涵盖了社会谱系中的每个阶层，凝练地定格了农夫与渔妇、修女与摔跤手、乞丐与麻风病患者、戏子与草根乐手等三教九流的日常生活瞬间。但在他对越南人的考察成果中，那些有关该国女性的视觉作品才是最为引人瞩目和最受争议的。

正如其影像明显体现出来的，布希的镜头倾向于停留在越南生活中有女性存在的场景——这些占到他作品的大部分，显然比例畸高。在一支相当不寻常的——至少在“星球档案”这一语境范围内来说是如此——献给女性成年历程的图片“小夜曲”中，他拍了一长串的序列彩照，切近又细致地表现了一位年轻女子将槟榔去壳并嚼食的前后过程。他还给卡恩的图片库贡献过一些最具争议的连拍图像，其中一例的影像主体是一位青春发育期的少女：她渐次脱去身上一层层的衣物，直到最后处于全裸的状态。布希为求端庄得体，拍摄时特意没有清晰对焦，让这一场景显得模糊，给了女孩些微的隐私尊严。虽然如此，电影史学者山姆·罗迪（Sam Rohide）对布希的评价却也恰如其分：

审视布希的很多照片，特别是那些以越南少女与成年女性为主体的作品，人们很难看出这些影像在文献学与科学纪实意义上的功用意图，因为这些女子常被呈现为感官肉欲与色情诱惑的形态；也就是说，其中涉及的是欲望、激情、生理反应与肉体感受。拍摄时所花的心思，光线、取景构图与人物姿势，这些方面的设计与实施执行，都是为了达到前述的目标效果。他的有些影像是对名画的模仿，或者就是泰然自若地套用绘画那种开放直露和大胆表现的手法。布希的这类作品中，最好的那些确实非常美，而最糟的那些则干脆就是猥亵下流。

尽管受到诸如淫秽和窥阴癖之类的指责，布希的全部作品也被视为一个典型示例，代表着有些人所指称的“殖民主义的观察方式”。当然了，布希影像中对法国人的指涉或聚焦几乎没有；相比较之下，他对越南人的呈现和描绘就很显眼了——直率坦白、带有攻击性。这就促发了另一位电影史学者宝拉·阿玛德（Paula Amad）对布希的评价——布希的照片“是卡恩档案中审美上最具情调但政治上最为缄默含蓄的作品”。

布希的作品为何没能正面触及殖民生活中统治者的残忍暴行——这一几乎已成惯例的主题？难道，就如阿玛德所暗示的那样，是因为“星球档案”实则相当于“法兰西殖民政策的一个非官方的外交使节”？卡恩或布吕纳是否曾责令布希不要拍摄可能危及或破坏该档案项目与法国军方高层之间亲切关系的任何内容？布希收到了某位高级军官的绝对命令，被禁止拍录法国军队的所有行动？又或者，这一切只是源于布希的自我省察与觉悟，或者是品位喜好的问题？

我们可能永远也无法确切地知道，布希的照片为什么在某些议题上如此敏感而又大胆直言，而在另一些议题上又好似事不关己，漫不经心地保持沉默。不过，毫无疑问的是，在技术层面上，布希绝对是有品位的高手。在越南为卡恩工作的31个月的时间内，他出品的1089张彩照证实了他的眼光和他对摄影工艺的掌握都极为老练，处于尖端水准，少有人能匹敌。有些人对卡恩影像档案的整体都有所了解；在他们里最为敏锐的部分人看来，布希是卡恩所曾雇请过的摄影师当中最为精雅出色、技艺最为纯熟的一个。

1917年2月11日，布希离开了越南。他随后赴保加利亚、土耳其与希腊，为“星球档案”完成了进一步的拍摄任务。1921年，他又返回印度支那，去造访世界上最重要的建筑古迹之一。近些年来，卫星照片对吴哥一带那恢宏壮观的寺庙群的航拍观测表明，在工业革命之前，

▲1914年在东京，布希拍到了这位盲人乞丐正向经过的路人求告，希望得到救济。当时，一个居心险恶的税收制度体系让很多本土越南人沦于赤贫，而法国殖民者则享有豁免权，无须纳税。编号 A5219

这里是地球上最大型城市的一部分。大吴哥城修建于公元9世纪到15世纪期间，地域面积达到2590平方公里以上。与此规模最接近者，即玛雅文明时期危地马拉的蒂迦尔（Tikal）城；而大吴哥城是蒂迦尔城的20倍。如今，这些流传自高棉文明黄金时代的建筑杰作，每年接待的到访游客约有100万。与此构成反差的是，当布希拍摄那些纪录片与彩照时，吴哥几乎是一片荒寂的废墟：他通过相机镜头所看到的寥寥无几的土著人口，要么是来自柬埔寨皇家芭蕾舞团的舞蹈演员，要么就是乞丐——他们向极少数历险来到吴哥窟的法国殖民者和佛教朝圣信徒索求施舍与接济。从始至终，布希的镜头都以一种钟爱有加的专注目光来定格这些无与伦比的名胜古迹，因此，有如下的观众反应并不奇怪：对卡恩档案库里的彩照浏览详查之后，很多人都发觉，众多摄影师中，还是布希的那些影像最为直抵人心，唤起深切共鸣。

与越南人一样，那一时期的柬埔寨人也几乎毫不隐瞒他们对于法国殖民统治机构的不满。1916年，成千上万人从乡村来到金边市区，抗议殖民政府的财政政策与强制性的劳役摊派，随后有数百人遭到拘捕。但在布希的短片与照片中，对此根本没有提及或暗示。在彩照拍摄的技术层面上，他是个出类拔萃的摄影师，但他的影像却为法兰西帝国的统治那野蛮暴力同时又古怪地带有戏剧化色彩的殖民事业，镶上了一圈罗曼蒂克的光晕。

几十年间，当地人激烈的反抗都在断断续续地进行，并于1954年的越南奠边府战役达至高潮，随后打破了法国对印度支那的殖民统治——不过，不用说，外部势力对越南与柬埔寨事务的强行干预所导致的恶性后果并未就此消停。越南战争（1965—1973）期间，以及后来的红色高棉政权时期——领导者波尔布特（Pol Pot）所实行的血腥统治将柬埔寨拖入灾难深渊——还将有数百万人不幸丧命。正如20世纪的历史所表明的，这两个国家都发现，既然它们所处的地理区位属于超级大国对抗博弈的高压点、敏感点之一，那这里就免不了是一个致命的危乱之地。

▲ **越南，**1914—1918 年

在越南的水稻种植业中，水牛扮演了一个极为重要的角色。不仅在稻子栽种前，它们被用来拉犁耕田，它们的粪便也被用作农作物的肥料。这里，一个小姑娘正牵着水牛走过一片稻田：在大部分的越南家庭，这种事情通常都落到男孩子头上。

编号 A10380 （莱昂·布希摄）

▲ **湛江，**1914 或 1915 年

1898 年，法国人占领了湛江。当时，这里还只是一座渔村，也即图中年轻女子涉水嬉戏之处。法国人将之更名为“勇士堡”（Fort Bayard），但 1943 年，这一要塞据点被日本人夺取。湛江现在属于中国，是解放军南海舰队许多水面舰艇的母港。这张照片拍摄的时候，没有任何迹象显示，这些宁静的水域将会变成亚洲最重要的海军基地之一。编号 A5295 （莱昂·布希摄）

明
月
萬春朝水曲盤

▲ **越南河内，** 1915 年 7 月或 8 月
吸烟是恶习，但数百年来，这都是越南人挺享受的恶习之一。就像这里的两位，很多人都用细细长长的、通常是用竹子制成的烟管来吸烟。如今，大部分烟民都更喜欢抽滤嘴香烟，但不管吸食方式怎样，烟草在这里依旧大行其道，有吸烟习惯者甚众。最近的调查表明，越南男性当中，烟民占到 73%——在世界上任何地方，这都是男性烟民的最高百分比。编号 A6674 （莱昂·布希摄）

◀ **越南，** 1915 年 5 月
这一当地小行政区的乡长（或里正），身穿蓝色袍服盛装出场，两边站着的是区里有一定威望的头面人物。众人身后是一座宗族祠堂类的神庙，敬献给据信是在护佑着这一社区的“村灵”（类似于中国之土地爷）。遗憾的是，这一照片确切的拍摄地点未曾有记录。编号 A5532（莱昂·布希摄）

▲ **越南东京，** 1914 年 12 月

这一时代的印度支那，那些患有麻风病的土著通常都由在当地天主教教堂传道救世的法国修女来照看。布希在东京发现了这些病人；或许是在得到法国修女同胞的允许之后，他才有机会拍下这组病患。编号 A5554 （莱昂·布希摄）

▲ **越南同登（Dông Dang），** 1915 年 9—11 月
这是靠近中越边境谅山省的一个山居村镇；在这片诗情画意的田园地貌中，一切显得如此安宁。但在后来的岁月里，此间的民众将经历极大的动荡剧变，比如 1940 年，两万日本兵侵入此地，烧杀劫掠，还有越战期间，美军的空中轰炸，将这里连接河内的铁路线彻底摧毁。编号 A7363X（莱昂·布希摄）

子孝孫賢萬
酒中不禁真君子

▲ **越南河内，** 1914—1916 年

如今，越南人口中 90% 以上都能读书写字，但在法国统治时期，受教育比率还很低；许多人别无选择，只能求请德高望重的师爷文人来写信或起草合约。在 15 世纪时，当地原先使用的方块汉字已经被越南字取代，也就是出现在此图手稿上的文字。最终，越南字也被基于拉丁字母编制的“国语”（Quôc-Ngū）体系所取代，后者便是今日越南的官方文字。编号 A7302（莱昂·布希摄）

◀ **越南河内，** 1915 年 2 月

越南每年最重要的大事是春节，庆祝阴历新年的开始。这里，布希聚焦拍摄的是一位书法写手，这位写手正在用中文表意汉字来撰写对联；对联内容主要是就越南文化和社会中的近期进展加以称颂评价。而当时越南的大部分识字人群已经接受了用拉丁拼音字母来进行书面表达。编号 A6617（莱昂·布希摄）

▲ **越南，**1915 年 9—11 月
在越南的儒家政治体系下，这些属于官僚士大夫阶层的男性行使由皇帝授予的权力，去管理民事活动与宗教组织、军事机构与司法体系。官员头衔分为九个等级：照片中间坐着的这一位，他袍服上面大量的复杂刺绣图案已明显提示出他那相对更高的官阶。他手中所持的笏板上，或许就标示有他的具体官衔。**编号 A70522X（莱昂·布希摄）**

► **越南西贡，**1915 年 9—11 月
这些戏子身穿全套的戏服，属于西贡大戏院剧团的演员。这一时期，戏曲是越南颇为兴盛的艺术形式。在该国南方，表演者与戏剧家们联合培育出了一个音乐喜剧品种，名为“改良戏”（cai luong），并很快成为比越南原先经典的哝剧（hat tuong）更受欢迎的戏曲形式。**编号 A7299（局部细节，莱昂·布希摄）**

◄ **越南，**1915 年 7 月或 8 月

私家豪宅中，躺在高出地板的这一卧榻上的女子，有可能是某位富有的鸦片瘾君子的小妾。普通百姓中的大部分人，都是在鸦片烟馆中吸食鸦片。法国人在鸦片分销生意上搞垄断经营，获利极大：有些估测数据暗示，殖民政府总收益中的 1/3 都是来自鸦片，直至这一垄断性财源在 20 世纪 30 年代被打破。编号 A6670（莱昂·布希摄）

◀ **越南，** 1916 年 5 月或 6 月

这位妇女是属于道教“三界派”（Three Worlds）的一位道姑。信徒们视其为一个中间灵媒，拥有超能力去与三个物质世界——上神界（天）、人间世界（地）与水世界（海洋）——的神灵进行沟通对话。颇不寻常的是，这一教派将充当灵媒的权利完全限定给女性，认为只有女子才能胜任。编号 A9889（莱昂·布希摄）

▲ **越南龙外乡（Lung Vai），** 1916 年 9 月

龙外乡位于中越边境；这里，一处村庄民居的外面，一户岱依族（Tàys）家庭的全部成员集体留影。越南人主体为京族；另有 50 个少数民族，一起构成总人口的 13% 左右。岱依族人总数据估计有 150 万，是越南的第二大少数族裔。编号 A9937（莱昂·布希摄）

▲ **越南海防，**1916 年 4 月或 5 月

离河内 90 多公里、海防市附近的一块稻田中，农民们正忙于插秧——这是一项能累断腰的辛苦农活。稻种先要在秧田中培育一个月，长成秧苗，然后人工拔出这些幼苗，再转插入水田；浸泡稻田的水源要么是来自雨水，要么就是来自灌溉水渠。稻米一直是越南人的主粮，而该国现在是世界上第五大稻谷出产地。编号 A9946 （莱昂・布希摄）

► **越南东京，**1914 年或 1915 年

越南北部一条浑浊水道的河岸上，一位年轻的打鱼人在调试整理他的渔网。关于当地人的捕鱼活动，布希拍了若干的短片与照片。在东京各处水域中捕捞螃蟹的那些渔人尤其让他兴味盎然、迷恋不已。编号 A5190（莱昂・布希摄）

▲ **越南河内，** 1915 年 9—11 月

人们曾一度广泛认定，因为木棉丝很脆，所以不可能将其纺成纱线，但河内附近的这一纺织生产线看似克服了这种纤维材质的局限性。木棉纱线是将巨大木棉树种子外层包裹着的乱丝粗纺而成；如今在远东整个区域，枕头与被子的生产中依旧还有用到这种植物纤维丝制品。编号 A7368（莱昂·布希摄）

▲ **越南河内，**1915 年 9—11 月
这些孩子出自河内一个相对殷实的家庭；他们并排坐在一栋房屋内部的庭院中。富裕人家的儿子会被送进当地的学校入读——后来，还有些更富足的，可能会远赴法国留学深造；而男孩子的姐妹们，在印度支那时期，则不会得到上学受教育的权利或机会。编号 A7284（莱昂・布希摄）

▲ **越南，**约 1921 年

两个女孩子开心地投入越南流传久远的一个风俗习惯：分享嚼食槟榔果。数世纪以来，各种节日喜庆场合，槟榔都作为点缀物拿出来陈列，这也是一种姿态符号，表示对邻里宾朋的欢迎。很多人相信槟榔果具有丰富的药用价值，有益健康；功效包括预防蛀牙、治疗喉咙发炎与咳嗽。如今，在婚礼仪式上，槟榔依旧是显眼的喜庆必备之物，但年轻人已经很少去嚼食。编号 A35953（莱昂·布希摄）

◀ **越南下龙湾，**1916 年 1 月

一条舢板小船停靠在下龙湾中 3000 座小岛之一的岸旁。下龙湾群岛让这位法国人心醉神迷：此照片的背景处，是一座岩石岛，其中包括有“令人兴奋的奇迹”（Le Cirque de la Surprise）——那是一个由岩洞与溶洞构成的奇境之地。1994 年，这里被联合国教科文组织列入世界自然遗产名录。编号 A5599 （莱昂·布希摄）

▲ **越南（河内）夏拉（Xa La），**1916 年 5 月或 6 月
斗鸡这一活动在越南已延续了至少 700 年。每年的春节期间，都会上演斗鸡大赛。除此之外，全国各地的斗鸡场中，公鸡的主人们也会定期让各自的勇猛“斗士”去彼此对战，一决高下，而这些比赛都伴有押注金额不太大的赌博活动。**编号 A9886（莱昂·布希摄）**

▲ **越南，**1914—1918 年
这位文雅的年轻女子身穿粉红的“奥黛”长衫，头上顶着造型夸张、用棕丝纤维编织成的平顶帽——越南人称之为“带绦帽”（nón quai thao，意即有穗子的系带帽。——译注）。在越南，相应的颜色代表着不同的情绪。与红色一样，粉红意味着好运与幸福快乐，正如图中女子那开心的大笑；这一表情同时透露出，此女紧跟当年越南的另一时尚潮流——将牙齿用漆涂黑了。**编号 A10334（莱昂·布希摄）**

▲ **越南东京，**1915 年 2 月

在拍摄于越南北方的一系列彩照中，布希定格了这些男选手：他们正准备参加越南最重要的一项武术赛事——摔跤。这里，参赛者们的手势是一套固定仪式中的一部分，意在向神灵表达敬意。**编号 A5566（莱昂·布希摄）**

◄ **越南河内，**1915 年 9—11 月

这些男子很可能是来自河内的车夫与搬运工。当地举行一位显贵要员或官员的葬礼，送葬队列庞大；他们作为随从，属于行列的一部分。他们的职责大概是拉人力车，而车上坐着的是前来追悼的亲朋与来吊唁的宾客。举办传统佛教葬礼仪式所需的各种配套道具或祭品，也由他们搬运。编号 A7312（局部细节，莱昂·布希摄）

▲ **越南河内，**1915 年 9—11 月

加入这同一位官大人的送葬行列的，还有一个乐师团。左侧的这位乐手正在拨奏越南的传统乐器——月琴；该乐器如此命名是因为共鸣箱的满月状圆形。编号 A7311（莱昂·布希摄）

▲ **柬埔寨吴哥，**1918 年或 1921 年

壮美的吴哥窟寺庙位于柬埔寨北部，是那片占地近 200 平方千米的大吴哥建筑综合体遗址中最著名的古迹。吴哥窟建造于 12 世纪，当时高棉王国正处于鼎盛期。在布希拍摄此照的年代，西方人如去印度支那，旅途上就要花去数周时间；论及这一世界闻名的建筑名胜的影像，这也是已知最早的彩色照片之一。编号 A35852（莱昂・布希摄）

▲ **柬埔寨吴哥，**1918 年或 1921 年
吴哥窟周围环绕着护城河式的水道。水道附近停留着的这些舞蹈演员，在高棉舞蹈团中进行表演。她们是吴哥那些“飞天仙女”（apsaras）的活体化身，而那些精致优美的舞蹈小仙女形象被刻在吴哥窟的石头廊柱上，装点着庙堂的墙壁。经典的高棉民族舞蹈曾一度遭到完全灭绝，但好在近年来，这一舞蹈传统已经得到了复兴。编号 A36050（莱昂 · 布希摄）

7 中　东

1918—1919年间，在我们今日所称的沙特阿拉伯、黎巴嫩、叙利亚、约旦和以色列及巴勒斯坦，当卡恩雇请的摄影师们第一次将三脚架固定在这些国家的沙地上时，这整个地区还只是被笼统地叫作利凡特（Levant），即言地中海以东之意。作为一个囊括此地各国的地理指称，“中东”这一说法只是在相对较近的时期才取而代之。“中东”这个概念于1902年被美国军事战略专家阿尔弗雷德·马汉（Alfred Mahan）首度使用；他写了一篇极具开创意义和潜在影响力的文章，分析英国在波斯湾的军政利益，其中生造出了这个词。这些地域，在获得新的地理指示名号之前，都属于奥斯曼帝国治下的行省。但在1908年7月由所谓“青年土耳其党人”发动的一场起义之后，帝国对属下领土的掌控被削弱了。起义让议会的权力在奥斯曼土耳其得到恢复，由此动摇了苏丹的权威根基。整个帝国范围内的民族主义者将土耳其内部的骚乱动荡视为对自己的提示信号。1912—1913年的巴尔干战争之后，奥斯曼放弃了帝国在欧洲的最后一些领土；那些渴望掌握自己民族命运的阿拉伯人感觉到，他们的机会，他们改变国家的时刻，也来了。

1916年，奥斯曼卷入一场世界大战；这对其统治所带来的额外干扰并非微不足道，阿拉伯民族主义力量趁机行动，对压在本国头上的土耳其霸主发难。“一战”的东线战场上，英国兵团与奥斯曼军队互为攻守、胶着对抗；作为战略动作的一部分，阿拉伯人出手帮助英国人。1917年7月的亚喀巴战役，在击败土耳其人之后，阿

▲ **波斯德黑兰，** 三位女性裹着色彩多样、刺绣纹案复杂的“西贾布”（Hijab）头巾。编号A52959（弗雷德里克·加德默尔摄）

◀ 一个渊源上属于哈希姆王朝（Hashemite）的阿拉伯男孩骑驴穿过安条克（Antioch）城区，时间为1921年10月26日，距法国给予这一城市在叙利亚境内的特殊自治地位还没过几天。编号A29992（局部细节，弗雷德里克·加德默尔摄）

拉伯战士们又跟随艾伦比（Allenby）将军的队伍，在圣诞节前成功控制了耶路撒冷。第二年9月的美吉多（Megiddo）战役，英国阿拉伯联合阵线在这场关键的角力中击溃土耳其军队，而阿拉伯人对此胜利也做出了有益的贡献。这一有利局面最终让英阿联军将安曼——位于如今约旦境内的最重要的城市——从奥斯曼的手中夺取出来，并为他们随后与澳大利亚的“轻骑兵旅团”以及印度枪骑兵协同行动一举攻取叙利亚的首府大马士革铺平了道路。及至此际，卡恩聘任的一位摄影师已经进入了这片战火袭扰的是非之地。

中东的历史上，这是转折性的一年。正是在

▲ 1918 年 2 月 28 日，费萨尔一世在约旦亚喀巴；他很快将会成为叙利亚国王。他也将在叙利亚失去王冠，但随即在伊拉克又踏上了王座。编号 A15488（保尔·卡斯特劳摄）

1918 年期间，保尔·卡斯特劳这位技艺纯熟的摄影师走遍了如今分别是埃及、沙特阿拉伯、以色列、巴勒斯坦和约旦的那一大片土地。2 月 4 日，他就到了港口城市亚喀巴，在那里为费萨尔一世（Emir Faisal）拍下了照片。与那位著名的“阿拉伯的劳伦斯”（也即英军联络官托马斯·爱德华·劳伦斯）一起，费萨尔是阿拉伯起义的主要策动者与“建筑师”之一。

与卡斯特劳晤面之后两年略多一点儿，费萨尔这位亲王于 1920 年 3 月 7 日获得了一个新头衔——大叙利亚王国的国王。但他还没在这个宝座上坐稳，就被迫下野。“一战”后建立的国际联盟授予法国——法国长时期内在中东都有很大的政治影响力——以权限，去对叙利亚和黎巴嫩进行托管，于是，费萨尔登基仅仅几周后，就被夺去了权杖。他从此不再有机会统治大马士革，不过，及至 1921 年，他已经得到了一份绝不能说是聊胜于无的补偿安慰：他走马上任，成为伊拉克国王。他成功保持了自己在巴格达的这一王座，直到 1933 年去世为止。

卡斯特劳的中东行旅在 1918 年 12 月结束，但卡恩项目在这一地区的进展在第二年又得到了恢复和延续：摄影师兼短片摄像师弗雷德里克·加德默尔被派遣来到了叙利亚与黎巴嫩。加德默尔的考察访问与卓绝的独臂战争英雄亨利·高洛德（Henri Gouraud）将军的到来时间恰好差不多；法国政府将独臂英雄派来担任总督，管理在利凡特新近获得的领地。

对加德默尔而言，法国托管权的实施能带来好几重令人高兴的——尽管在叙利亚和黎巴嫩本土族裔看来未必如此——可能性后果。其中很重要的一点是，这可以让他方便地利用卡恩在法国政界、外交界和军界权力体系中所经营搭建起来的良好的关系网络。与在他之前来中东的卡斯特劳一样，加德默尔看来愉快地享用了一份特权，可以在法国新入手的这块准殖民地上，去自由地探访那些军事场所。

成百万的法国士兵，刚刚在欧洲那场为时四年、令人身心俱疲的残酷战争中经历过伤亡和枪林弹雨，很快又被派驻海外，因此有理由推测，他们对在中东继续服役的军旅生涯应该没什么热情。然而，在加德默尔拍摄于 1919 年的纪录片中，许多法国大兵看似却挺享受他们在这处新鲜的“东方游乐园”里的异国生活。这些片子是卡恩影像档案中最为令人惊讶的一些电影短片，记录了士兵们在贝鲁特的一座妓院外面，与那里的风尘女郎们调笑嬉戏。在一些如今几乎是无法想象到的场景中，这些妓女们毫不羞耻地摆出撩人姿势面对镜头，而与此同时，买春的法国客人们则淫猥放浪地笑着唱着，揉摸她们的胸和屁股。

另外的一些时刻与情形下，加德默尔也拍摄有开心快乐的场景，但那种欢快的感受可不是因为色情挑逗。有一个连续镜头短片，拍于 1919 年，呈现的是英国部队从叙利亚向贝鲁特行军。在这些影像中，他们的步伐协调一致，仪态上显得义无反顾、目标明确、很有奔头，而情绪则相当活泼，有点喜气洋洋。一个士兵还颇为可爱地将圆顶遮阳软帽挑在步枪刺刀尖上旋转——整个看来，这里显示出的是一种几乎无法抑制的兴奋的欢乐；这位年轻人愉快地意识到，尽管经历了种种磨难，他逃避了客死异乡的厄运，现在终于可以开始返程，奔向家乡了。

也像之前来过的卡斯特劳一样，加德默尔根本不认为自己的拍摄活动只应局限于军营。1919 年与 1921 年，他造访了叙利亚和黎巴嫩，1927—1928 年间，他又赴波斯、伊拉克和阿富汗漫游历险。在这些行程中，这位才华横溢的摄影师都满怀热切之情，在他的玻璃干板彩色正片上刻录下当地人民、聚居群落多样化的文化、生活环境和屋舍建筑，也记录下具有多样性的中东各国地理和自然景观。

加德默尔采风之后至今，这一地区的众多方面都已发生了天翻地覆的巨大变化；尽管如此，中东有些地方的生活，却还是以很大程度上跟差不多一百年前同样的方式，在继续推进。那时就跟现在一样，这一地区拥有很多布局复杂而又充满活力的城市，有世界闻名的大型古迹建筑、极为华丽壮美的寺庙与声名远播的经典学术研究机构。同样，在乡村田野，裹着传统式样阿拉伯头巾的牧人仍然赶着他们的畜群去往水草丰茂的绿洲，恰如一个世纪之前。此外，还是有可能会偶然看到，贝都因人坐在单峰骆驼背上的大篷

▲ 在法国军队对中东属地实行军政托管之后，亨利·高洛德将军（摄于 1919 年 10 月 3 日）负责管理叙利亚。1915 年的加里波利（Gallipoli）战役中，他失去了一条胳膊。编号 A19031（奥古斯特·莱昂摄）

车中穿过沙漠。但是，“变来变去都还是老一套”（plus ça change）的陈词滥调在这里其实并不适用。这些表面现象上的连续性实则掩盖了一个真相，也即阿拉伯世界乡村文化与游牧文明的严重衰退。

按照估测，一百年前，这一地区仅有约10%的人口是城市居民。到了1970年，这一比例已经上升至40%。如今，中东80%以上的人口都生活于各座城市中。在这一地区的几乎每一处地方，乡村与游牧民人口都在持续地减少，而他们那传统的农耕种植、田园牧歌式与逐水草而居的流动生活方式也随之式微并消失。

1927年夏天，应卡恩的邀约，加德默尔最后一次远赴中东采访。他这次短期逗留的目的地是波斯与伊拉克。及至当年秋季，储量巨大的新油田将在基尔库克（Kirkuk）附近被确认发现。随后的多年期间内，这些地方的政治命运将会遭到彻底重构，而那些根本性的影响元素包括地狱般可怕的、各方利益如鸡尾酒般混杂交织的战争，超级大国所操控的地缘政治争夺游戏，宗教上的原教旨主义势力，以及民族主义风潮，暴乱，革命，种族冲突，宗派隔阂与敌意，集权独裁的一党专制，暴政恶行，恐怖主义，还有，最后必须提及但并非最无足挂齿的，那就是这片土地上丰沛的石油资源——是赐福，更是诅咒。借助电影短片和照片，卡恩的摄影师卡斯特劳与加德默尔记录了一场中东战争及其后果。但他们却无法预知，在之后的数十年间，一连串恶魔般凶残的社会动荡与暴力灾祸将接二连三地侵扰此地。

▲ 1919年的黎巴嫩，这一场景仿如圣经故事中所描述的。2006年7月，以色列战机在这里投下的炸弹，有很多未曾爆炸；这一潜在的威胁让许多农夫被迫抛弃了自己的土地，去别处谋生。编号 A19803 （弗雷德里克·加德默尔摄）

▶ 摄于1921年10月14日。这些男孩子很可能是属于德鲁兹（Druze）穆斯林教派，来自卡纳瓦特（Qanawat），距离叙利亚首都大马士革90多公里的一个聚居区。在罗马帝国时代，这里被通称为卡纳塔（Kanata），是一处重要的贸易集散中心。城中古迹遗址非常多；这些小家伙便是站立于古建筑群中。编号 A29587 （局部细节，弗雷德里克·加德默尔摄）

▲ **叙利亚阿勒颇（Aleppo），** 1921 年 10 月 23 日
阿勒颇附近的梅仑（Marran）村，贝都因人用一台传统的织机在纺织。从 20 世纪 50 年代起，除了干旱，政府急于掠夺土地，也不断对贝都因人施加政治压力；迫于这双重的因素，很多沙漠游牧民不得不放弃了世代沿袭的生活方式，进入城市安顿谋生。编号 A29915 （弗雷德里克·加德默尔摄）

► **叙利亚哈马（Hama），** 1921 年 10 月 22 日
玻璃干板彩照成像需要很长的曝光时间，因此，哈马市这两台动态的水车便显得模糊了。这样的巨大水车共有 17 台，用来从附近的奥仑蒂斯（Orontes）河中汲水。这些转动的大家伙被叫作“戽水车”，直径约 20 米，被认为已经有了 1000 年左右的历史。编号 A29861 （弗雷德里克·加德默尔摄）

黎巴嫩贝鲁特，1919 年 11 月 22 日

一位高级军官站在贝鲁特一座主要的军营中。军营所在地叫作“大宫殿”（Grand Serail）。军事托管期间，这处宫殿成为法国总督的行政总部。黎巴嫩独立之后，这里又成了该国各任总理的办公基地。尽管图中的奥斯曼帝国时代的钟楼依旧幸存，但皇宫原初建筑的大部分都在 1998 年被毁坏。编号 A19747 （弗雷德里克·加德默尔摄）

黎巴嫩贝卡（Bekaa）谷地，1919 年 11 月

英军的一个小分队在位于贝鲁特与扎勒（Zahlé）之间的贝卡谷地行军。在巴黎举行的战后和平会议上，法国赢得对叙利亚和黎巴嫩的托管权，而英国则负责管控巴勒斯坦、约旦和伊拉克。到了 1919 年 11 月，这些英国军人已经准备撤离黎巴嫩，将阵地移交给法国。**编号 A19855（弗雷德里克·加德默尔摄）**

▲ **耶路撒冷，**1918 年 8 月 3 日
如今，一提到在中东吸烟，我们总是联想到那大大的、装饰繁复华丽的水烟壶。但在耶路撒冷，卡斯特劳发现这位吸烟老妪（来自现今约旦境内的阿斯萨勒特 /As Salt 镇）选择的用具却是更便携的小烟斗。编号 A15786 （保尔·卡斯特劳摄）

▲ **耶路撒冷，**1918 年 8 月 2 日
1917 年 12 月，奥斯曼统治者被从耶路撒冷赶走；在那之后，当地人——比如这位贝都因老者——的生活质量逐渐有了改善。首先，市场上又有食品卖了，而在战争期间，奥斯曼军队经常强行征缴商品实物，所以巴勒斯坦农民干脆停止生产谷物食品，商铺店主们也将农产品从货架上清理隐藏起来。编号 A15785 （保尔·卡斯特劳摄）

▲ **巴勒斯坦伯利恒，**1918 年 7 月 31 日

三位样子令人敬畏的天主教女族长来自伯利恒；左边的这位戴着“夏特维”（shatweh）帽饰，表示她是已婚妇女。这种帽子上有刺绣，并用硬币和珊瑚点缀装饰；佩戴时以一条银质的扣链系在下巴上，来固定帽子。这同一位女子所穿的“皇家贵族礼服”（thob malak），花纹图案相当华丽复杂，通常都是在节庆典礼场合或者婚礼上穿着。编号 A15772 （保尔·卡斯特劳摄）

▲ **约旦亚喀巴，** 1918 年 2 月 28 日

1916 年 7 月，费萨尔亲王的父亲，侯赛因·本·阿里发动了阿拉伯起义。费萨尔与其兄弟阿卜杜拉一起，领导这场反抗运动，试图让阿拉伯摆脱奥斯曼帝国的掌控。1918 年初，在亚喀巴，这群民团武装结集起来，支持费萨尔的事业。及至是年 9 月，这些人将帮助费萨尔在美吉多战役中大挫奥斯曼军队，夺取一场关键性的胜利。编号 A15491 （保尔·卡斯特劳摄）

▲ **约旦亚喀巴，** 1918 年 3 月 28 日
在亚喀巴这一林间空地暂时乘凉的，是响应号召投入阿拉伯起义的一些战士；战士总数约 5000 人。1918 年，很多阿拉伯人参与了对敌人的干扰活动，打乱了奥斯曼军队的补养供给线，还破坏了对方使用的铁路线。编号 A15562 （保尔·卡斯特劳摄）

▲ **伊拉克纳贾夫（Najaf），** 1927年4月19日
加德默尔在巴格达西南部的伊斯兰教圣城纳贾夫遇到这两位阿訇。纳贾夫是著名的阿里大宗师（Imam Ali）圣祠清真寺的所在地，而阿里据称是先知穆罕默德的一位表兄，因此纳贾夫接待的穆斯林朝圣者也非常之多，仅次于圣城麦加与麦地那。编号 A53979 （弗雷德里克·加德默尔摄）

◀ **伊拉克巴格达，** 1927年4月10日
这些儿童生活于巴格达的一座孤儿院中。创办孤儿院的是一群法国修女，团体名为“圣母进殿派姊妹会”（Soeurs de la Présentation）。这些孤儿当中，有些人的父母可能死于1915年发生的大屠杀——奥斯曼政权残害亚美尼亚人、亚述人与其他信奉基督教的少数族裔，有些孤儿则可能是被母亲遗弃——在那些战乱岁月中，暴行肆虐，妇女遭士兵强奸而怀孕。编号 A53776 （弗雷德里克·加德默尔摄）

▲ **伊拉克摩苏尔（Mosul），**1927 年 5 月 10 日

“一战”之后，这座城市被分配给英国托管。在这期间，这里显得非常多元化，有逊尼派阿拉伯穆斯林、土耳其人和库尔德人；共处一城生活的还有基督徒亚述人和亚美尼亚人，也包括照片中的这两位妇人。在如今的摩苏尔，这样多元化的人口结构已经不复存在：伊拉克战争将萨达姆・侯赛因政权推翻之后，此地无法无天的世态与失控的暴力让很多基督徒被迫远走他乡。编号 A54234 （弗雷德里克・加德默尔摄）

▲ **伊拉克扎霍（Zakho），** 1927 年 5 月 11 日

这些库尔德女性，身穿色彩鲜艳、层层叠叠的传统服饰，在伊拉克北部的扎霍附近打水。1920 年，根据《塞夫勒条约》的条款，同盟国对库尔德人许诺，支持他们建立拥有独立政权的家园，但这一承诺从未兑现。从此以后，库尔德人就一直在为民族自决和自治而抗争。

编号 A54305 （弗雷德里克·加德默尔摄）

▲ **波斯设拉子（Shiraz），**1927 年 9 月 18 日

照片拍摄之时，这些由设拉子的大毛拉谢赫·莫泰扎（Sheikh Morteza）所统领的伊斯兰神职人员，对他们清真寺以外的事务基本上不施加什么权力影响：在波斯（也即如今的伊朗），长期以来，政治在根本上都属于世俗范畴。毛拉们将不得不再等上半个多世纪，然后才能在一个宗教神权主导的伊朗新政体中获得优势话语权。编号 A53458（弗雷德里克·加德默尔摄）

▲ **波斯哈马丹（Hamadan），**1927 年 10 月 4 日

这些犹太裔女学童所在的这个教育机构，是由以色列人全球联合会（Alliance Israélite Universelle）创办和运营。这一组织由法国慈善家与知识分子于 1860 年建立，目标在于保护犹太人的权益，并支持和帮助东欧那些遭到迫害的犹太人设法抗争。1898 年，该组织在哈马丹创建了这所学校；而这只是他们在中东所开办的诸多教育机构之一。编号 A53543（弗雷德里克·加德默尔摄）

SOUVENIR

8 非　洲

按照档案号，最早列入卡恩博物馆藏品名录的，是编号为A6的一张玻璃干板正片。此影像由摄影师尤尔斯·热尔韦—库特勒蒙（Jules Gervais-Courtellemont，1863—1931）在其1909年的阿尔及利亚之旅中捕捉而得。这是一幕简单的场景，呈现一件不足为奇、单调乏味的日常事务：其中展示的只是一位年轻女子在织造地毯，毫无耸动元素。尽管照片是从她身后的角度来拍摄，我们还是可以看到，她双手正从垂直方向绷紧在织机上的线绳间抽取地毯构图所需的色线丝缕。我们有理由来假定，她织造的这一地毯是面向游客市场，因为“旅游纪念”这个字样被织进了地毯图案中。

至少，从表面上来说，这一幕场景也无甚特别之处：一个并不起眼的、很普通的北非居家环境中，一项屡见不鲜的日常劳作事务被直接朴素地描绘和呈现出来。不过，其中色彩的协调互动却堪称一部视觉的歌剧，令人赏心悦目。图中女孩那丰满饱和的深红色头巾与她面前织毯上那如颤音般跳动的黄色构成令人心旌摇荡的复调对位关系；她的衬衫，是金色的花腔女高音，而她身下那块地毯间的蓝色，则是浑厚的男中音，与前者的金色互为呼应。

◀ 1909年的这张彩照中，阿尔及尔市的这位年轻织工很可能是在家里的织机旁工作。对很多当地人而言，地毯织造是一种在家庭作坊中便可操作的手工业。编号A6（局部细节，尤尔斯·热尔韦–库特勒蒙摄）

借助于玻璃干板彩色正片的成像工艺，如库特勒蒙这般的摄影先驱者能够创造出前所未有的影像，色彩非常丰富、强烈又精妙，而当时真正亲眼看过彩色照片的人还少之又少。当库特勒蒙的作品得以向公众展示时，必然更得到热烈的追捧，观众们表现出如痴如醉的由衷欣喜。在很多人看来，玻璃干板彩色正片的发明意味着，20世纪甫一开场，摄影便站在了一个新时代的门槛上：“彩色时代”（L’âge de la couleur）黎明的曙光已经照临。

库特勒蒙的照片受到卡恩的关注之后，作品体现出的美感让后者十分迷恋，他于是决意得到这些照片。及至此时，卡恩对玻璃干板彩色正片的美学潜力已经有模糊的认知，因为在1908—1909年间那趟经行美国、加拿大、日本和中国的环球旅行中，一路与卡恩随行的司机杜特雷也曾利用这种成像工艺来拍照。但库特勒蒙凭借专业水准、高雅的品位与个人天资所出品的影像，是那般精致微妙、令人陶醉，远非杜特雷所能琢磨出的任何东西可比。在经验丰富、才华横溢的人手中，这一新生影像工艺那惊人巨大的潜能，立刻便展露无遗。

尽管卡恩设法获得了库特勒蒙的作品，但这位摄影师当年远赴北非探索采风的行程却不是应卡恩的邀约而完成。不过，在后来的年月间，卡恩与“星球档案”项目的指导顾问布吕纳，将派遣他们自己的摄影团队前往那片大陆。这些人先后八次奉命进入当时被统称为“马格里布”（Maghreb）的非洲西北部地区。

▲ 1909 年，法国彩色摄影先驱库特勒蒙在阿尔及利亚安排乌列奈尔（Ouled Nail）部族土著成员排列阵形，准备拍照。（此场景的一幅成品彩照请见 300 页）

八次派遣任务中，有些拍摄成果很是迷人，而这其中一趟行程是由卡恩任用的一位意志最坚定、最为孜孜不倦但又脾气暴躁、牢骚满腹——因而也颇为滑稽有趣——的摄影师来完成，那便是史蒂芬·帕塞特。1913 年 1 月，他首先来到摩洛哥。他在摩洛哥短暂逗留期间所拍的彩照，有差不多 300 张在卡恩的档案库中得以留存。这些照片大多是在北部城市非兹（Fez）城中或附近地方拍摄，其中有几幅的人物主体是"塞内加尔步枪兵"；他们来自法国在非洲各处的殖民地，要么是被招募入伍，要么就是被强征服役。

在卡恩的档案库中，与帕塞特照片相关的文献资料显示，出现在图像中的人，至少有一个是奴隶身份。1913 年，在法国位于马格里布的有些殖民地当中，奴隶制依旧公然存在，这是不争的事实。实际上，在毛里塔尼亚境内，奴隶制甚至方兴未艾。法国人在 1910 年便已对毛里塔尼亚进行殖民统治，但他们决定不废除奴隶制，所依据的理由是，那样做会让当地的本土传统出现断裂，将给社会结构带来极大的破坏与混乱。在那里，一如在其他的法兰西殖民地上，"自由、平等与博爱"，这一历时久远而益显荣光的高卢人信条，被轻而易举、毫不迟疑地背弃，沦为实用主义祭坛上的牺牲。

除了奥古斯特·莱昂与保尔·卡斯特劳分别于 1914 年和 1918 年实现的埃及之行，卡恩委任的摄影师们在非洲的使命都聚焦于记录北非法国殖民地上的生活世相。在一系列精妙雅致的画面中，他们构图取景时将北非当地特色鲜明、以土坯屋为基础的传统建筑纳入镜头，而作为衬托背景的，便是撒哈拉那广袤无垠的沙地。

纯粹就所目击见证事件的历史意义而言，"星球档案"派往马格里布的一次最重要的拍摄行动安排，开始于 1926 年 6 月 18 日；卡恩的两位摄影师，乔治·谢瓦利埃（1882—1967）与卡米勒·索瓦乔特（Camille Sauvageot，1889—1961）在这天抵达了摩洛哥。他们出现在北非的这一个局势动荡不安的角落，距离里夫山（Rif）共和国的摧毁倒台才过去仅仅三周。土著柏柏尔人（Berber）一直武装反抗法国与西班牙的殖民统治，他们自行宣布独立，建立里夫山共和国，其兵力仅为 6 万略多。但 25 万左右的法国士兵与 10 万西班牙士兵组成规模浩大的联军，才彻底击溃了里夫山共和国。

在建立自己的共和国之前的那些年，柏柏尔人对殖民统治的反抗已然日渐强硬，因为殖民者推行实施的经济政策极为不公，让土著民众深受其害。在这个国家的有些地区，土地被草率粗暴地强行查扣没收，分配给新来的法国定居者。沉重的税务负担被强加到摩洛哥百姓身上，让很多普通民众沦于赤贫，而这里的欧洲侨民则享有完全的税收豁免权。尽管这些恶毒的政策在本质上践踏正义，但政策的始作俑者之一，法国在这里的驻地统监（即总督）休伯特·莱沃泰（Hubert Lyautey，其肖像参见本书 327 页）却最终于 1925 年被迫辞职离任，部分原因是巴黎有些人认为他在打压抗议行动、处理那些日益不服管束的“土人”时，表现得不够强悍。这样一个结果，或许昭示了这一阶段法国殖民统治中所暗藏的怀疑与悲观因子。

随着帝国治下臣民不满情绪的蔓延高涨，法国急迫地需要在北非保持一份强大的军事存在，一套显眼的兵力部署。大批量的法国士兵被派往摩洛哥，去支撑和加固自家的殖民权威。为了给这些新来的援助力量提供娱乐款待，莱沃泰批准在卡萨布兰卡建立一个所谓的“特殊街区”，而“特区”的关键功用便是满足法国大兵的性欲，释放他们的“力比多”冲动。众多的妓女被封闭圈养在此。在法国人的规定要求下，这里的女人们必须得到一张特制的许可证，证明她们健康状况良好，然后才会被允许离开特区，因为当局担心她们出去后会传播性病。当然了，前来光顾妓院的那些法国嫖客，则无需面对或遵守这样的许可证规定。

正如卡米勒·索瓦乔特那些令人惊奇的电影短片所呈现的，虽然摄像机在场，特区女人们看似却颇为快乐，活泼自在地嬉戏打闹。事实上，她们还时不时地在镜头前无所顾忌、漫不经心地卖弄风情，放浪地掀起衣装，袒露双乳。在红灯区不加掩饰、放纵性欲的氛围中，这种厚颜淫荡的暴露癖是否司空见惯？或者这只是一种顺从讨好的反应，因为有索瓦乔特在那里卑鄙下流地怂恿和激励妓女们出风头？由于隔了这许多年，这就谁也说不清了。不过，确定的是，在这些影像中，没有明显证据表示拍摄时有人对妓女施加了压力或进行了诱导：或许正好相反，她们的自我展演看上去是自然流露，信心、情绪都挺饱满，甚至兴高采烈、生机勃发。无论如何，索瓦乔特的这些卡萨布兰卡妓女短片，至多也只是一个令人感情矛盾、既欣赏又蹙眉的人间景观。

▲ 1913 年非兹，一位自豪的“塞内加尔步枪兵”立正留影；一年前的军事行动让法国人得到了摩洛哥的控制权。编号 A831（史蒂芬·帕塞特摄）

关于这一地区，卡恩档案库收集有约 4300 张彩照，而电影短片则是对照片的补充。这些短

▲ 达荷美（Dahomey）的阿波美（Abomey）镇，1930 年 2 月 28 日，村民们匍匐跪倒，迎候他们的国王到来。编号 A63589（弗雷德里克·加德默尔摄）

片构成一份多姿多彩、形象生动的史料，记录了北非生活的方方面面，既有日常经验，也有非常世态。但是，对撒哈拉以南非洲区域人民和文化的呈现，就相形见绌了，既不够全方位和综合涵盖，也不够广泛多样。除了购置而得的屈指可数的几份资料（其中最值得一提的是 1916 年埃塞俄比亚女王扎迪图 /Zawditu——现代非洲历史上成为一国最高统领的首位女性——加冕礼上的一些电影片段，以及一段相当猎奇的、带有强烈戏剧化色彩的短片，记录马达加斯加岛上的性行为），1930 年之前的“星球档案”中，只有微不足道的极少量藏品：13 张彩照，在撒哈拉以南拍摄。这些照片是随意仓促之作，1914 年在吉布提（当时被叫作“法属索马里”）马马虎虎地拍就，作者是通常十分精致考究的莱昂·布希。究其原因，可如此推测：布希当时的主要任务是前往印度支那采拍，只是中途经过非洲短暂停留，所以才有这十多个匆忙抓拍的作品。

1914年7月22日，吉布提的街道上，一名年幼的小贩在兜售他的渔猎货品。如今的吉布提袖珍小国中，超出一半的人口都在二十岁以下。编号A5071（局部细节，莱昂·布希摄）

▲ 1930 年 2 月 28 日，达荷美的前首都阿波美附近的镇子扎多（Zado），随从仆役对酋长左德欧根（Zodeougan）前呼后拥、左右环伺。编号 A63555（弗雷德里克·加德默尔摄）

不过，到了 1929 年底，有一个机会出现，让卡恩得以纠正档案库中的这一不足。他手下经验最丰富的摄影师之一弗雷德里克·加德默尔受到邀请，陪同天主教传教士弗朗西斯·奥比埃斯神父（Père Francis Aupiais）去往位于西非的法国殖民地达荷美，也即今日之贝宁共和国。与在非洲传教的教会团体合作共事已达三十年之久，奥比埃斯神父在达荷美声望卓著，受到高度尊崇。但在法兰西故乡，他却一直是个争议人物，因为对基督教传教士这一角色所内在固有的责任义务，他支持和赞同某些显然是超出常规甚或离经叛道的观点。奥比埃斯固然秉持这一宗旨，即让非洲人信奉基督教，但他同时认为，在这一过程中，不必禁绝和清除当地传统的宗教信仰、典仪和惯例活动，也照样可能实现目标。就达荷美而言，奥比埃斯倡导如此方案：在地方区域层面，可以达成一种精神信念上的同栖组合，让基督教与那里的本土宗教——伏都教——协调共存。

《圣经》典籍中已经明白无误宣告的“唯一至真信仰”与异端蛊惑的伏都教之间，能存在精神对等或道义上的平衡关系？可以预料，在很多教会人士看来，这样一种理念，用最宽容善意地去评价，是荒唐胡言，而不留情面的话，就直接是离经叛道的邪说。根据奥比埃斯的日记，去往达荷美的旅途中，他曾在数个场合下与加德默尔讨论过宗教信念的问题。起初，加德默尔显得冷淡、沉默寡言、内敛自闭。虽然如此，正如日记所透露的，随着旅程的继续推进，牧师倒是被加德默尔逐渐地吸引住了：“我每次上到船桥，总能发现他孤单一人。但他既非厌憎人类，也非伤感悲怀。他是习惯于独处的那类人，但性格内涵也很丰富。我开始认为，我们将会成为朋友。”几天之后，奥比埃斯又写道：“我对加德默尔先生越来越感兴趣了。他眼光敏锐，阅读时洞察力很好，讲话相当睿智，做判断时颇有智慧，对微妙的情绪能细腻感受。但他的举止仪态挺冷漠，近乎粗野无礼。从来看不到他与任何人交谈。”

1930 年 1—5 月期间，加德默尔拍了总长度差不多 7 个小时的黑白单色短片，还有将近 1100 张彩照。影片片段中包含的部分内容，很可能是世上现存最早的对真实伏都教祭典仪式的记录。电影史学者山姆·罗迪对这些短片曾描述说，这是“现代电影最重要的影像史料与文献之一，也是电影现代性的明证”。加德默尔的彩照则提交了一份不同的，但也与其电影同等重要的视觉证词及遗嘱。出现在他图像中的人物横跨和遍及达荷美殖民社会的所有阶层。在整个作品结集中，王公贵族、酋长、巫师、神父与修女、织工、乐师相伴出场，争夺我们的视线。同样，这些彩照也涵盖了这个国家文化生活的每一个维度：那些建筑与宗教实践活动的具体细节，乃至于人们服饰的风格、式样所呈现出的微妙趋向。

如果没有加德默尔 1930 年从达荷美所带回的那些影像，卡恩藏品中出自撒哈拉以南非洲地区的照片数量简直可以忽略不计。更进一步来说，这些达荷美影像的唯一性与珍稀性，只是从加德默尔作品里流淌而出的一首美德协奏曲中单独的一个弦音而已——还有更多价值可以发掘。当年那个时刻，西方文化仍将所有非洲的人与事等同为原始、兽性、野蛮、未开化。这样草率贬损他国的态度令人羞耻。而加德默尔此际贡献出来的影像，则展现给人们一个丰富、复杂和文明教化的非洲社会。他的很多照片向其凝视关注的人物对象表达出尊敬与友爱之情。有一种谬见妄想式的叙事，支配主宰了西方在 20 世纪上半叶关于非洲文化的认知与看法；对此，这些照片提出了抗辩和质疑。加德默尔的纪录片与照片留给后世一幅非洲生活的写真，坚定不移、毫不妥协地保持公正与诚实，却又始终如一地赋予友善和同情，而在他的那个时代，否认非洲土著人性与人道尊严的那种尖刻乖戾的种族主义虚假神话，还正在西方人的精神世界中顽固地殖民。

▲ 弗朗西斯·奥比埃斯神父坚称达荷美的土著宗教能与其他信仰，包括基督教，相提并论，由此激怒了天主教的一些领袖人物。编号 A51431（奥古斯特·莱昂摄）

▲ **阿尔及利亚塔欧里特-阿莫克雷恩（Taourirt Amokrane），** 1909—1911 年
库特勒蒙在此地所拍的景观中，一切都显得宁静安详，但在阿尔及利亚全境，不满的情绪正蔓延和激化。人们对法国的殖民政策，尤其是土地被野蛮征用和没收，不平等的税收法规，还有强制当兵服役，极为愤恨。不断涌现的民族主义者团体为民主政治和个人财产权利而抗争，但一直要等到 50 年后，并且经历一场血腥的独立战争，法国人才会放弃统治权。编号 A17（尤尔斯·热尔韦-库特勒蒙摄）

▲ **阿尔及利亚比斯克拉（Biskra），** 1909—1911 年
阿尔及利亚北部城镇比斯克拉的一个家庭，正在制备北非最重要的主食之一，古斯米（couscous）。这种蒸熟干燥后形似小米的食物用粗麦粉加水湿润制作，手工揉搓，还要反复多次用筛子筛滤。古斯米如今在全球各地都颇受欢迎，而它就是起源于北非此地的柏柏尔人——或者更确切地说，按照其自称，是“伊马齐赫”（Imazighen），“自由崇高的人”。编号 A51（尤尔斯·热尔韦-库特勒蒙摄）

▲ **阿尔及利亚波萨达（Bou Saada），** 1909—1911 年

在阿尔及利亚，波萨达镇很有名，因为这里与乌列奈尔（Ouled Nail）部族关联紧密。乌列奈尔的女性们在童年时就接受训练，以风骚挑逗的动作（有时直接裸体）为男人们跳舞。这是当地普遍接受的风俗惯例与社会现象：年幼的女舞者在其本土特色的性产业中工作，直到 25 岁左右，然后通常会用已经挣得的钱来作为嫁妆。编号 A81（尤尔斯·热尔韦-库特勒蒙摄）

► **阿尔及利亚波萨达，** 1909—1911 年

乌列奈尔舞者，配着浓黑的眼影妆，脸部有文身图案，还佩戴或真或假的发辫，身穿丝绸袍服，全身上下配有大量花哨的小饰物——夸张的耳环、手镯和多层的冠冕头饰。她们的首饰与行头还得到更进一步的装点，所用的便是从客人那里搜罗来的小金币或银币。如今的阿尔及利亚，对伊斯兰教道德律令和规范的阐释更为严格，这就让乌列奈尔人被迫放弃他们原有生活方式中的很多元素。编号 A80（尤尔斯·热尔韦-库特勒蒙摄）

▲ **摩洛哥本格里（Ben Guerir），** 1913年12月

这些人住在一处“多尔”（Douar）——很多帐篷连接布置起来，形成牧养牲畜的围场——之内。此地大致可确定是马拉喀什附近的本格里镇。随后的年月中，这里将会彻底变样：20世纪50年代，美国战略空军指挥部在此建立了一个高科技基地；基地最终配置了高端设备，来服务于20世纪80年代和20世纪90年代航天飞机的发射项目。编号 A912 （史蒂芬·帕塞特摄）

► **摩洛哥希多波-奥斯曼恩（Sido Bou Othmane），** 1913年1月

这里是马拉喀什附近希多波-奥斯曼恩的一处“多尔”牧场。与乌列奈尔的那些阿尔及利亚姐妹一样，这些摩洛哥女性也身穿色彩鲜艳的袍服，外出也不戴面纱。但相似之处仅止于此。她们的土耳其式长袍很简单，但功能却足够强大：这种设计可保护肌肤，不受强烈日照的伤害，同时可抵御从撒哈拉席卷而至的粗蛮沙暴。编号 A904 （史蒂芬·帕塞特摄）

▲ **摩洛哥萨非（Safi），** 1926 年 6 月 21 日

摩洛哥西部大西洋沿岸的渔港萨非，小家伙们簇集在谢瓦利埃的镜头前。尽管在其历史上的大部分时期，摩洛哥人都激烈反抗外来殖民者，但萨非曾经也处于葡萄牙的控制下。在北非国家中，摩洛哥是唯一避免了被奥斯曼帝国吸收吞并的国度；在 19 世纪的很多时段内，法国人的帝国殖民大计也在此遭到挫败。编号 A49698 （乔治·谢瓦利埃摄）

▲ **摩洛哥马拉喀什，** 1926 年 6 月 18 日

今天的杰马广场（Djemma el-Fna）——原文名称意义即“死亡广场”——生机盎然，充斥着商贩、圣人、耍蛇人、招魂问卜的“大神”术士以及各色街头艺人。谢瓦利埃造访之际，这里还几乎没有西方游客来观瞻玩味广场上五花八门的胜景。不过，当时这里已经是土著居民和各路江湖好汉都热衷的一处会聚之地；俯瞰广场的是那高高的宣礼塔，属于 12 世纪修建的库图地亚（Koutoubia）清真寺的一部分，很幸运地留存至今。编号 A49648 （乔治·谢瓦利埃摄）

▲ **摩洛哥马拉喀什，**1912 年 12 月

马拉喀什这一“麦拉”（Mellah，即犹太人聚居区）中的很多孩子，可能属于为躲避西班牙宗教裁判所迫害而逃亡至摩洛哥的那些犹太人的后裔。及至 20 世纪初期，摩洛哥的犹太人口超过了 25 万；但如今仍在该国生活的不足 3000 人，而其中的大约 250 人居住于马拉喀什。编号 A920（史蒂芬·帕塞特摄）

► **突尼斯首都突尼斯，**1909—1911 年

两位年轻女子也是犹太人，不过她们面对镜头留影的地方是突尼斯的首都突尼斯市。与在摩洛哥的同宗族群一样，突尼斯的犹太人口在 20 世纪期间也日渐减少：20 世纪 60 年代，千千万万人移民去了法国，尤其是移居到了以色列。如今生活于突尼斯的犹太人不足 1400 人。编号 A35 （尤尔斯·热尔韦-库特勒蒙摄）

▲ **突尼斯首都突尼斯，** 1909—1911 年

按照库特勒蒙的记述，照片中侧躺着的这位“实业家”所经营的，是突尼斯历史最悠久的陶器店。这并非完全不可思议，也非绝对难以置信，但问题在于，在城中无数的古老露天市集上，干类似营生的摊档也同样存在——其中有些档主必然会跳出来理论，与上面这位仁兄争夺那块“最悠久”的牌子。编号 A30 （尤尔斯·热尔韦-库特勒蒙摄）

▲ **突尼斯凯鲁万（Al Qayrawan），** 1931 年 5 月 6 日

这里是凯鲁万的古旧郊区杰迪德（Djedid），在古迹胜地蒙纳斯帝尔（Monastir）以西 80 公里处。凯鲁万是伊斯兰教的圣城之一，曾被宣告为马格里布的首都，并建立起重要的声誉地位：伊斯兰世界伟大的行政、宗教学术、精神信仰和商业活动核心城市之一。编号 A65440 （弗雷德里克·加德默尔摄）

◀ **埃及吉萨，** 1914年1月6日
金字塔是世界上最伟大的人造奇观之一。莱昂在埃及拍摄的照片中，就包括这一奇迹的影像，而那或许就是金字塔最早的彩色照片。狮身人面兽斯芬克司后方，挺立着胡夫——希腊人喜欢称之为乔普斯（Cheops）——金字塔。这不仅是吉萨三座金字塔中最大的，由230万块、每块平均重达2.5吨的条石砌成，而且很可能是人类有史以来体量最庞大的单体建筑。编号 A3023 （局部细节，奥古斯特·莱昂摄）

▲ **埃及卢克索，** 1918年10月3日
在卢克索附近，卡斯特劳发现这些“法拉辛”（Fellahin，埃及农民）正利用一项已经用了至少4000年的古老技术。这种“桔槔”基于杠杆原理：垂直竖起一个木质支架，一根木杆被安置于架子的支点上，木杆一头是水桶，另一头是平衡配重物。有了配重物，提升和移动汲水容器几乎毫不费力。如今埃及的乡村，桔槔仍被用于农业灌溉。编号 A15967-AT（保尔·卡斯特劳摄）

▲ **埃及卢克索，** 1914 年 1 月 13 日

从法老时代开始，这种传统的二桅帆小船就航行在尼罗河上，也会像这般停靠在卢克索的岸边。在这条世界上最长河流的沿线，这种小帆船仍被用来渡运人、货物和牲口；只不过，如今的这种帆船，尤其是用来运送游客的，很多都完全机动化了，依靠马达驱动，而不再借助于尼罗河面的和畅微风。编号 A3154 （奥古斯特·莱昂摄）

▲ **埃及开罗，**1914年2月6日

1914年的埃及街头，一个饮料小贩在招徕顾客。到了这一年年底，埃及人已经生活在新秩序下：这里刚被宣告为大英帝国的保护领地。由此，不列颠与埃及原先的统治者——奥斯曼帝国的那些大君们，进入战争状态。英国虽然没有在埃及强制征兵，但还是颁布了军事管制法令，这一举措催动和激化了埃及人的民族主义情绪。编号 A3532 （奥古斯特·莱昂摄）

▲ **埃及阿斯旺，**1914年1月20日

这些是比沙林（Bisharin）游牧部族的孩子。该部族在埃及南部和苏丹一带流徙放牧。他们是属于贝雅人（Beja）的一个支系，在不同时期多次参与战斗，有时是跟英国人同一阵营，有时则加入敌对的一方。小说家兼诗人拉迪亚德·吉卜林（ Rudyard Kipling）在其一首诗作中嘲讽贝雅人，说他们是“傻鸟一群，糊里糊涂、不辨东西”，但他也承认对方的战斗能力，向这个部族行礼致敬，因他们“击破了英军方阵”。编号 A3276 （奥古斯特·莱昂摄）

▲ **达荷美萨克特（Sakétè），** 1930年1月14日
今日贝宁首都波多诺伏（Porto Novo）稍北的萨克特，这群打击乐手（当地语言称其为一个“巴塔”，也即乐队）正演奏约鲁巴鼓。这种乐器通常是以完整的一段树干雕刻制作而成。在朝奉敬拜伏都教神灵的重要祭典和仪式上，这种鼓用来伴奏礼乐。编号 A63190 （弗雷德里克·加德默尔摄）

▶ **达荷美乌姆贝迦美（Oumgbègame），** 1930年3月8日
阿波美附近的乌姆贝迦美镇，身形肥硕的大酋长（最高统领）贾斯汀·阿霍（Justin Aho）在妻子们的陪侍下。与他那被废黜的叔叔——前国王贝汉辛（Behanzin）一样，阿霍是达荷美土著艺术家们慷慨的保护人，用他的财富资助过很多的雕塑家、雕刻师与面具制作工匠。编号 A63640 （局部细节，弗雷德里克·加德默尔摄）

▲ **达荷美扎多（Zado），** 1930 年 2 月 28 日
这些是伏都教左玛多诺（Zomadonou）派的成员。他们手上所敬奉呈拜的神物代表着水神“托霍索”（Tohossou）。与这一宗教习俗相关的民间传说，帮助人们终止了对生理残障儿童的迫害与歧视。曾经，这样的儿童都被视为来自上天的诅咒，但后来，因为他们被认为享有“托霍索”的爱怜保护，所以如今残疾儿童反倒被视作对其家庭的一份祝福。编号 A63583 （弗雷德里克·加德默尔摄）

▲ **达荷美达贝（Dagbé），**1930 年 2 月 2 日
西非有制作面具的光辉传统，这在贝宁也明显可见。节庆假日和宗教仪式上，面具头饰的佩戴司空见惯。今日贝宁首都波多诺伏附近的达贝镇，这一男人所戴的面具，代表着一个"欧尼甘根"（Onigangan，意即鼓手）的形象。在有些仪式上，这个"欧尼甘根"还被呈现为另一种形象：一个高傲张扬的人，在街上急迫持续地演奏音乐（打鼓）。编号 A63356（弗雷德里克·加德默尔摄）

▲ **达荷美，**1930 年 1 月 27 日
纺织技术最初被引入贝宁时，成了数量很小的一些家庭的专有特长，而这些人主要聚居于阿波美的一个街区。这位织工正在运用一种所谓的"苏丹"织造法；这一方法涉及使用一台很大的户外织机，因此这是只有男性才采用的一种技法。编号 A63305（弗雷德里克·加德默尔摄）

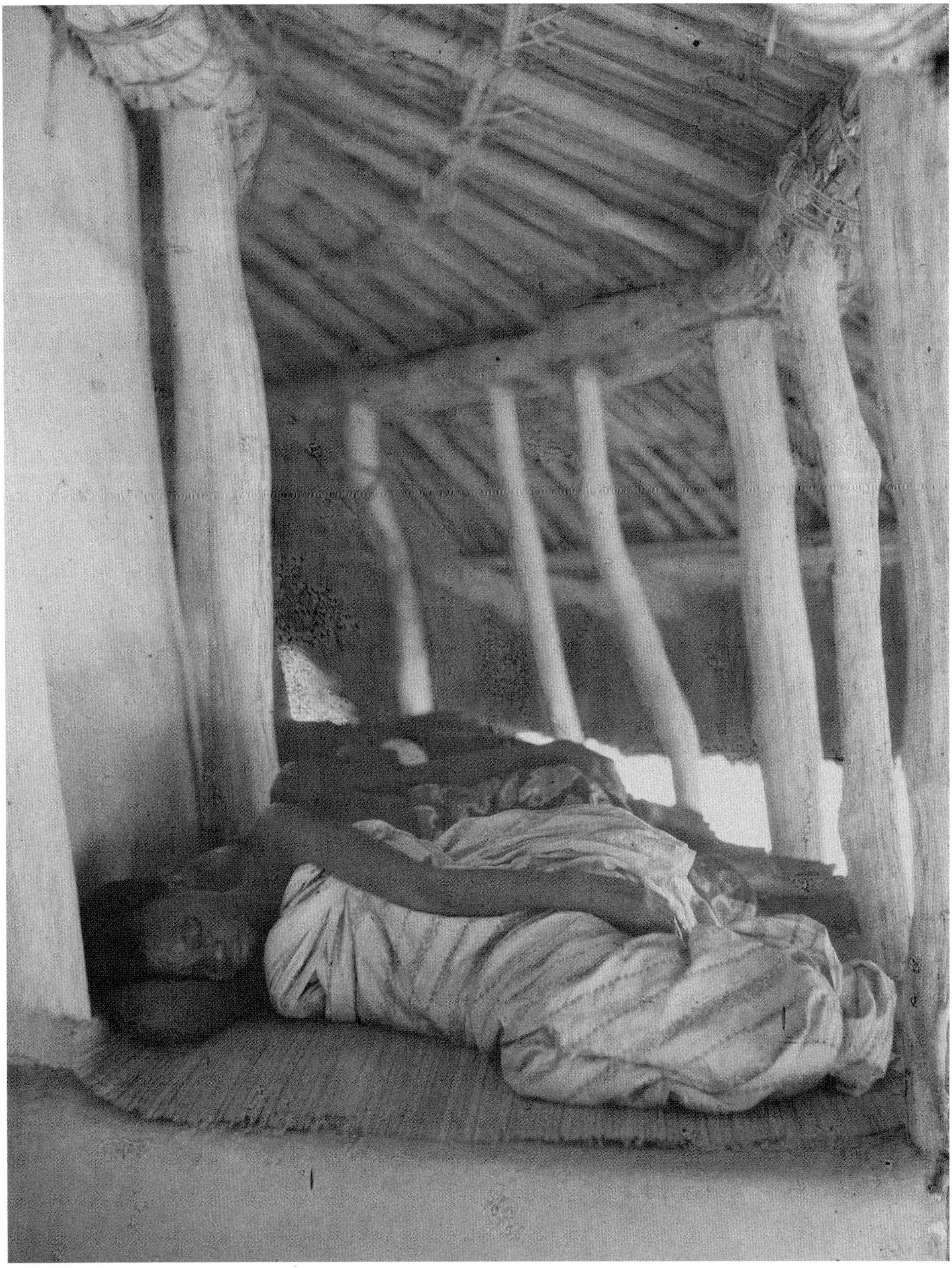

◀ **达荷美阿波美，** 1930 年 3 月 6 日

这些妇女在守卫国王格勒勒（Glélé）位于阿波美的墓葬。在这位国王当政期间（1853—1889），达荷美奠定了坚实的地位基础，成为西非最强大的政权之一。在这个国家，长期以来，妇女都可执行特别的安全保卫职能：达荷美军队中有女战士组成的一个精英兵团，规模颇大，在很多战役中曾冲锋陷阵，其中就包括反抗法国殖民军的战斗。编号 A63625（弗雷德里克·加德默尔摄）

▲ **达荷美库登东格（Koudenndongou），** 1930 年 3 月 17 日

达荷美北部阿塔科拉（Atakora）山脉脚下的库登东格村，松巴族（Somba）男人站在他们那特色鲜明的圆尖顶居所前。这种城堡状的多层屋舍叫作“松巴塔塔”（Tata Somba）。如今的松巴族固然已经穿上了衣服，但用弓箭狩猎的传统还依旧保留。编号 A63701（弗雷德里克·加德默尔摄）

9 人　像

阿尔伯特·卡恩的藏品中，包括有5000多张肖像照，人物主体是他的朋友、业务领域内的交往者以及一般的相熟者。其中的大部分人在他们自己的时代都几乎没有或完全没有公众知名度，在我们的时代中也依旧无人知晓。另外的一些人物在他们自己的时代曾大名鼎鼎，但随后也逐渐沦于寂寂无名的状态。不过，在卡恩的影像档案中，也不乏那些现代历史上最重要的公众人物的肖像照片。

这些作品当中，有少数是卡恩的摄影师们以图片新闻现场摄影的方式拍就：肖像主体当时正处于动态当中，而且有时候还恰好是在具有重大历史意义的事件发生和推进的过程当中。但其中明显占绝大多数的那一部分，是由“星球档案”的两位摄影师——乔治·谢瓦利埃与奥古斯特·莱昂，在卡恩位于布洛涅—比扬谷的优雅庄园中拍摄完成。偶尔，我们的银行家雇请的这些摄影师们，在他们雇主位于法国、英国和日本的大宅那里，也会邀请拍摄对象站到那美丽如画、宁静愉悦的花园中留影。不过，一般情况下，他们还是选择在卡恩的宅邸中，让客人落座于一个相对平淡简洁的背景前，然后再进行肖像拍摄。

▲ 银行家和慈善家埃德蒙德·德·罗斯柴尔德男爵（Baron Edmond de Rothschild，1845—1934），同样住在布洛涅-比扬谷，与卡恩的住宅相隔不远。编号C865（局部细节，奥古斯特·莱昂摄，1925年2月于马丁岬角）

◀ 杰出的法国作家茜多尼-加布里埃尔·科莱特（Sidonie-Gabrielle Colette，1873—1954），小说《琪琪》（Gigi，1944年）的作者。该小说激发了同名音乐歌舞片的上演，法国资深红星莫里斯·谢瓦利埃（Maurice Chevalier）为主演之一。编号A35731（罗杰·杜马摄，1922年11月22日）

卡恩一生在主业之余附带着创办过一些社会、文化或政治组织，而出现在肖像专题系列中的有些人，常与某个或数个卡恩社团有交集。1916年，卡恩成立了“社会与政治研究全国协会”（Comité National d'Études Sociales et Politiques,CNESP），作为一个论坛，供学者、知识分子、社会活动家和政客们就其所关注的问题各抒己见、公开辩论。四年后，他又创建了“社会文献中心”（Centres de Documentation Sociale），出版期刊和简报，内容涉及政治、国际关系、社会事务及类似的议题。“星球档案”中的若干肖像重点聚焦了这些人物个体，他们对卡恩主创的上述组织及其他附属社团组织曾多

▲ 亚历山大·克伦斯基（Alexander Kerensky，1881—1970），俄国总理（1917年7—10月）。编号A25419（乔治·谢瓦利埃摄，1921年3月24日）

▲ 英国政治家奥斯丁·张伯伦（Austen Chamberlain，1863—1937）爵士，获1925年诺贝尔和平奖。编号A62723（1930年5月）

▲ J.J. 汤姆森（J.J. Thomson，1856—1940），英国物理学家，电子的发现者，1906年获诺贝尔奖。编号A40292

▲ 法国总理莱昂·布尔热瓦（Léon Bourgeois，1851—1925），获1920年诺贝尔和平奖。编号A62079（乔治·谢瓦利埃摄，1917年）

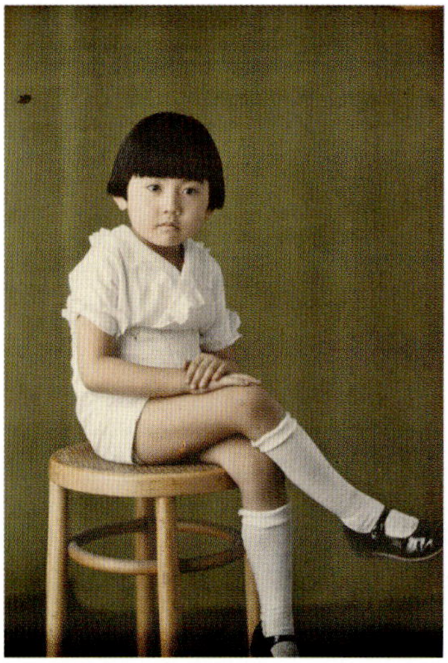

▲ 卡恩友人日本政客本野一郎的孙子本野盛幸（Moriyuki Motono，1925—2012）。编号A60347（乔治·谢瓦利埃摄，1929年）

▲ 南斯拉夫国王亚历山大一世，1921年执政，1934年遇刺身亡。编号A19197（奥古斯特·莱昂摄，1919年）

有贡献。

肖像藏品中最大的组成部分之一，是“受助学子”（boursiers）这一群体的人像。曾享受过卡恩基金资助的获益者，被组织在世界环游考察协会（Société Autour du Monde）的名下，经常会集到布洛涅—比扬谷的卡恩庄园中参加周日午餐会。据众人所说，这些聚会都是气氛欢快的宴饮乐事，受助学子们在此回顾他们的考察旅程，交换对世界局势的看法，观看卡恩档案库中短片和照片的放映与投影。偶尔还有特别嘉宾被邀请参与午餐会。有些嘉宾，虽然看似并非完全乐意，但还允许卡恩的摄影师给他们拍摄彩照肖像。

肖像出现在卡恩档案库中的人物，差不多来自公众生活的每一个领域，其中包括伟大的法国雕塑家罗丹、实业家安德烈·米其林、英国科学家J.J.汤姆森，还有玻璃干板彩色正片的发明者路易·卢米埃尔本人。其中还有数量可观、分布广泛的王公贵胄：这里出现了南斯拉夫国王亚历山大一世，同样也有来自日本的秩父宫雍仁亲王与鸠彦王妃允子内亲王，以及北白川宫成久亲王与成久王妃房子。加入这一显贵行列的，除了其他更多不胜枚举的，还有埃及的国王（福阿德，Fouad）与王后奇薇姬娅（Chivekiar），李氏朝鲜的英亲王（Yi Un）与王妃方子（Pang-ja，日本梨本宫守正王之女），以及出自全球各地的林林总总的伯爵、侯爵、公爵与王公大君等。

肖像中收录的政治家也非常之多。不仅有希腊总理伊勒夫瑟雷奥斯·维尼泽洛斯、英国首相詹姆斯·拉姆赛·麦克唐纳（James Ramsay MacDonald），还有不少于四位同样举足轻重的法国大人物：莱昂·布尔热瓦、雷蒙·普恩加莱（Raymond Poincaré）、阿里斯蒂德·白里安（Aristide Briand）与阿尔贝特·萨罗（Albert Sarraut）。白里安曾获得诺贝尔和平奖，出现在档案库里的英国政治家中有两位也享有此殊荣，分别是前外交大臣奥斯丁·张伯伦与“一战”后“国际联盟”的创立者之一罗伯特·塞西尔（Robert Cecil）勋爵。诺贝尔奖文学桂冠获得者在这里的阵容也颇强大：托马斯·曼（Thomas Mann）、阿纳托尔·法朗士（Anatole France）与泰戈尔（Tagore），还有卡恩最亲密的朋友之一，伟大的哲学家亨利·柏格森——他于1927年荣膺诺贝尔奖。

据悉，另外有好几位声誉地位极高的名人也拜访过卡恩，但他们要么是未曾留影，要么就是其肖像照如今已灭失。很遗憾的是，文学巨匠詹姆斯·乔伊斯（James Joyce）、吉卜林与H.G.威尔斯（H.G.Wells）便属于这一类目；此外，法国总理乔治·克列孟梭（Georges clemenceau）、经济学家约翰·凯恩斯（John Maynard Keynes），以及有史以来最伟大的科学家中的这两位——爱因斯坦（Albert Cinsfein）和居里夫人（Marie Curie），也属于此列。

整体综合地看来，这些肖像藏品引人关注的原因，应该说不仅止于其所收录的成员中群星闪耀，有那么多的风云人物。非常醒目、令人印象深刻的是，卡恩接触交往的人际圈子竟然如此地全球化；尤其在当年那个时代，就更是异常和罕见：很显然，这位银行家对国际主义宗旨的承诺与投入，并未仅仅停留于口头表态或夸张修辞。更进一步来讲，尽管肖像群中存有可辨识出的一

▲ 从左至右分别是：记者西蒙妮·特里（Simone Téry，1897—1967），曾报道西班牙内战；诺奖获得者德国作家托马斯·曼（1875—1955）；诺奖文学桂冠拥有者法国作家法朗士（1844—1924）。编号及拍摄日期：A65128（1931 年 5 月）；A65091（1931 年 5 月）；A15468（1919 年 5 月）

种偏袒意识，倾向于那些持有自由主义革新观念的人选，但其中也包括有很多个体，他们持有的政治论点或立场，与他们这位和平主义犹太裔主人的理念相去甚远。除了法国军界相对高层人士留下的无数肖像，档案库里也有这一类的人物，比如说持右翼观点、反犹太人、与主张为德雷福斯恢复名誉者唱反调的小说家兼政治家莫里斯·巴雷斯（Maurice Barrès），比如说虔敬的天主教笃信者、保守派的诗人保罗·克洛岱尔（Paul Claudel）——此人后来将成为辩护士，为菲利普·贝当元帅（这位大人的肖像也进入了卡恩的档案库）主持下的、与纳粹合作的维希政府鼓吹和开脱。

卡恩的很多照片，意图都在于以影像的形式来保留下这个世界上注定要消逝的那些方方面面的样貌；与含有如此意图的照片一样，那些正式的肖像作品，在进行拍摄时，看来也经过相当的深思熟虑，着眼于为后世了解前人的历史提供视觉资料。像卡恩这样一个天生的乐观主义者，可能已经有过如此猜想——从他那时起的一百年后，诸如吴哥窟、泰姬陵和金字塔这样的壮伟古迹大概还会以某种形态幸存于世；但他肯定也很怀疑，像法国作家科莱特或英国政治家奥斯丁·张伯伦之类时代名流的声望能流传久远。卡恩有着他典型而独特的先见之明，在当年已经意识到，未来的很多情形下，他收藏的这些肖像，将是其时代至为重要的某些头面人物所存世的唯一彩色照片。

► 大雕塑家罗丹，1840 年生于巴黎，创作有很多著名作品，包括《思想者》（1880 年）与《吻》（1886 年）。1917 年 11 月，罗丹在莫东（Meudon）去世，而这里离卡恩位于布洛涅-比扬谷的庄园也不远。（摄影师佚名，1908 年 10 月）

▲ **法国马丁岬角，** 1923 年 2 月
北白川宫成久王妃房子（幼时名唤周宫，1890—1974），为明治天皇睦仁（1852—1912）的第十一个孩子，第七个女儿，也是大正天皇嘉仁的妹妹；1909 年嫁给日本皇族北白川宫成久王。悲剧的是，1923 年 4 月，成久王在巴黎死于车祸。
编号 A38657 （罗杰 · 杜马摄）

▲ **法国布洛涅-比扬谷，**1927 年 5 月 11 日
路易-休伯特·莱沃泰（1854—1934）元帅，是其时代法国地位卓越的军人政治家。他曾在无数的殖民战役中坐镇指挥，战场包括阿尔及利亚、马达加斯加、印度支那与摩洛哥——1912 年，他在摩洛哥就任，成为这块法国保护地上的第一位驻地统监。在法国本土，他曾短期担任“战争部长”（国防部长，1916—1917），但随后又返回摩洛哥，统领该地直至他于 1925 年退休。编号 A51046 （乔治·谢瓦利埃摄）

▲ **法国布洛涅-比扬谷，**1929 年 5 月 29 日
亨利-菲利普·贝当元帅，1856 年生于科希阿拉图尔（Cauchy-à-la-Tour），在 1916 年的凡尔登战役中指挥法军防御战，由此成为民族英雄。但在“二战”后，因为曾领导与纳粹合作的维希伪政权，贝当作为叛国贼受审，并被判死刑。但死刑随后被减缓为终生单独监禁。1951 年，他死于法国一座监狱中。编号 A59777（乔治·谢瓦利埃摄）

▲ **法国勒芒，** 1908 年 8 月

1903 年 12 月 17 日，北卡罗来纳州小鹰（Kitty Hawk）乡村，美国航空先驱威尔伯·莱特（1867—1912）与弟弟奥威尔·莱特（1871—1948）成为驾驶自身比重大于空气的飞行器、在空中完成自带动力持续驱动的可控飞行的最早之人。起初，他们的成就在欧洲遭到普遍的怀疑。但 1908 年夏天，所有怀疑都烟消云散；这一刻，威尔伯（为了法国投资者的利益）越洋来到欧洲，在勒芒附近的柯诺迪埃尔（Hunaudieres）赛车场展示他的飞行机器。这些早期“立体视觉”的影像，是关于威尔伯这次展演唯一已知的彩色照片。勒芒展演之后不到四年，威尔伯感染了伤寒，在其位于俄亥俄州代顿市的家中辞世，年仅 45 岁。（可能由阿尔弗雷德·杜特雷摄）

▲ **法国布洛涅-比扬谷，** 1921 年 6 月
在卡恩宅邸玫瑰园中安详散步的老者，是生于加尔各答的印度诗人、歌词作者、剧作家兼画家泰戈尔（1861—1941）。他是孟加拉语现代文学领域卓然挺立的杰出人物。泰戈尔出版于 1912 年的诗集《吉檀迦利》（也即“以歌献颂”之意），广受称誉，为在全球各地文艺界提升对印度文学创作的认知度贡献良多。他是卡恩的好友，亦是这位银行家在法国几处宅邸的常客。1913 年，泰戈尔成为获颁诺贝尔文学奖的首位亚洲作家，由此赢得国际性的认可与赞誉。两年后，诗人还被英王室授予骑士爵位；但 1919 年的阿姆利则（Amritsar）屠杀惨案期间，英国军队射杀了成百上千手无寸铁的印度平民，泰戈尔随后宣告放弃爵位。编号 A36199 （乔治·谢瓦利埃摄）

附录 I

玻璃干板彩色正片成像工艺

1861 年，才华杰出的苏格兰物理学家詹姆斯·克拉克·麦克斯韦（James Clerk Maxwell）创造出一个作品，被大部分摄影史专家认为是世上第一张全真彩色照片。麦克斯韦同一块苏格兰格子呢布条拍摄三张各自独立的影像，以此得到最终的彩照。每个单张拍摄之前，他在镜头前先放上一面颜色各异的滤镜。然后，这些成像底板被显影冲印出来，分别固定进三个不同的投影装置中，而每个投影装置又安置在相应颜色的滤镜前。通过调焦并彼此重叠这三个影像，麦克斯韦制作出一张全彩照片。

但他的工艺程序过于复杂和昂贵，操作困难。摄影师们需要一种没那么烦琐累赘的方法来再现自然世界的真实色彩。要找到这一问题的技术解决方案，并非易事，比人们意料中的要难以捉摸，直到法国有俩兄弟研发出了一项便携式工艺成果，仅仅只需要一块玻璃板，而且可以与现有的常规相机配套使用，便可得到出色的真彩影像。

在他们位于里昂的实验室中，奥古斯特与路易·卢米埃尔弟兄二人实现了那具有决定意义的技术突破，为一种全然和绝对平凡的日常食材——土豆——找到了一份非常规的用途。在玻璃干板上涂覆土豆淀粉，每一平方英寸（1 平方英寸 =6.4516 厘米）的面积上约有四百万颗淀粉微粒，然后小心仔细地用滚筒将涂层压平。这些微粒事先被分别染成了红、绿或紫蓝色，所发挥的功能相当于极小的染色滤光器。玻璃底板曝光时，进入镜头的光线先通过这些微粒，然后抵达底板上的一层感光乳剂。后期处理完毕，干板上就可生出一张全真彩色正片。

1895 年 12 月，卢米埃尔兄弟在巴黎向公众展示了他们的“电影摄制术”，从此便以发明家的美誉而闻名。但他们却坚信，他们的这套彩色照片系统才是更伟大的技术进步，具有更为重要的历史意义。

典型玻璃干板表面上所形成的彩色影像，如果放大来看，会显得斑驳破碎，甚至全是色点：淀粉颗粒就像不会再分解的、悬浮在液体中的极

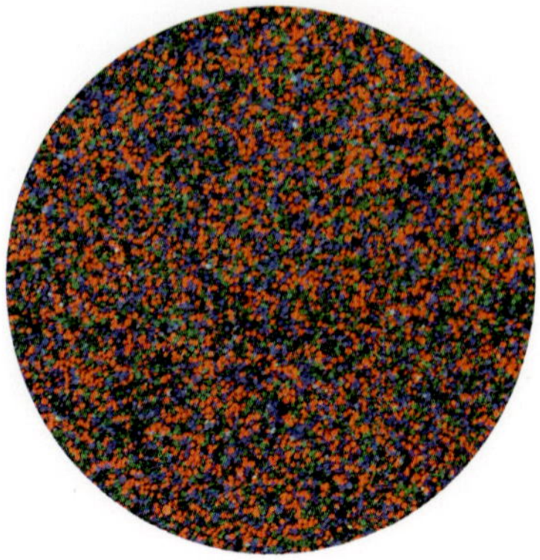

▲ 在显微镜下，玻璃干板上土豆淀粉形成的红、绿与紫色微粒个体赫然呈现。

◀ 玻璃干板彩色正片彩照带有油画般的视觉效果，几乎有着印象派画作的笔触质感，曾被人与法国画家乔治–皮埃尔·修拉（Georges-Pierre Seurat）的点彩派风格相提并论。这些特点在黎巴嫩萨勒（Zahle）的这张市镇景观照片中明显可见；摄于 1919 年 11 月 27 日。编号 A19869（局部细节，弗雷德里克·加德默尔摄）

▲ 一个彩色世界：爱尔兰克拉达少女的深红披巾（1913 年），爱尔兰乡村生机勃勃的一片翠绿（1913 年），越南河东郡郡守鲜亮的蓝色官袍（1914 年或 1915 年），以及印度北部阿姆利则卖花小贩篮中明艳的黄色花朵（1914 年）。

前二编号 A3641、A3709（玛格丽特·梅斯普里特摄），“郡守”编号 A5174（局部，莱昂·布希摄），“小贩”编号 A4214（局部，史蒂芬·帕塞特摄）

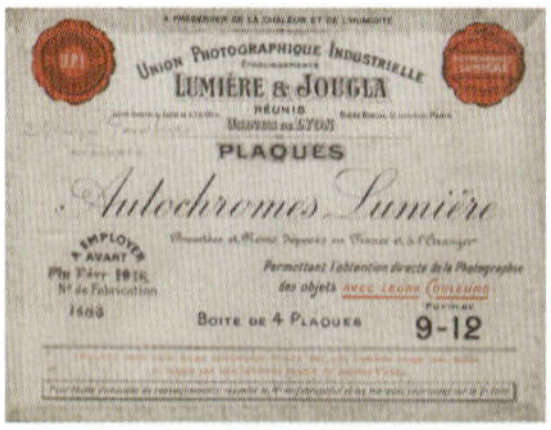

◀ 卢米埃尔兄弟的玻璃干板彩色正片底片通常以四片一盒的包装来销售，价格是黑白单色同类产品的四倍。

◀ 这一幻灯投影器由拉迪盖–马希奥（Radiguet & Massiot）公司制造。这里的双镜头构造让这一设想得以实现：两张不同的玻璃干板彩色正片幻灯影像相互交融、淡入淡出。

微粒子，它们那无序的布朗运动被限制凝冻在一个框架范围内。不过，从远处来看，这一制版工艺所产生的是令人惊叹的结果。其中的蓝色有一种温柔又浓烈的色彩饱和度，仿如隔着轻纱看到的蓝水晶。画面中的绿色充满生机活力，那种青葱蓊郁似乎在震颤跳荡，簌簌有声。而红色则相当浓酽强烈，夺人眼目。爱尔兰西部克拉达女性所穿的传统服饰，那饱满的深红色披巾，大概就是这种色彩效果最好的一个示例。1913年，玛格丽特·梅斯普里特所拍的一系列照片中，女人们的披巾就如生动绮丽的洋红颜料，染入当地凄凉灰暗的环境，与茅屋、街道和天空的苍白色调构成反差。

不过，这一制版工艺当然也招致了批评之声。首先是相对较长的曝光时间带来的缺陷困扰——正因为此，很多照片中的动态影像只能是幻影似的模糊一片。其次，有些批评者指出这一工艺在技术上的另一些弱点，就是对黄颜色的再现不充分。但是，纵观卡恩的影像收藏，里面有足够多的照片都展示出玻璃干板彩色正片工艺有强大的功能，可去应对那些视觉感受最繁杂、眼花缭乱犹如幻觉的场景——其中值得一提的就包括莱昂·布希所拍的越南一个戏班子那花团锦簇、五彩斑斓的剧照。

在很多玻璃干板彩照中，人物形象都有一种柔和的观感，让他们透出非尘世的气息，甚至仿如鬼魂。而地貌风景，也有着一种绘画般的不精准不确切之感，仿佛这成像工艺在努力拒绝和否认其机械化的生硬本质。即便玻璃干板彩色正片确有其技术局限，但它看似已成功克服了这些缺憾。正如历史学者约翰·伍德（John Wood）所强调的，卢米埃尔兄弟的发明产生的影像是摄影史上“最珍贵、最罕有、最纤柔精致的作品，在很多人眼中，也是最优美的”。

▶ 固定于三脚架上的木质折叠暗箱照相机，是用来曝光 9 厘米 X12 厘米规格玻璃干板彩色正片底片的最常见相机。

Meuse
Seine et Oise
Haut Rhin ruines
Basses Pyrénées
Meuse ruines
Vosges
Basses Pyrénées
Haute Savoie
Espagne
Inde
Turquie
Suède
Grèce Ile de Délos
Japon
Yougoslavie
Suisse
Algérie
Dahomey
Yougoslavie
Perse
Turquie
Suède
Basses Pyrénées
Yougoslavie
Angleterre

附录 II

阿尔伯特·卡恩：其人及其遗产

（阿尔伯特·卡恩博物馆馆长 吉勒斯·博-贝蒂埃）

如果你是富人，而且是真正的超级富豪，那你想干点什么？你会纵情享受人生，声色犬马？你会慷慨解囊，去赞助艺术？还是，你愿意远离那种寻欢作乐、追逐功名，或许，也是徒劳无益的生活？你愿意将自己的一生连同全部的财富都奉献出来，去为他人谋福利吗？这最后一个问题，如果你的答案是肯定的，那么，你就可以成为与阿尔伯特·卡恩一个类型的慈善家。

在此，看似是个恰当的场合来给出一些关键信息，以利于读者来理解这位不同寻常的人物。对卡恩，我们确实所知甚少，尽管曾应邀光顾过他家的宾客，包括了当时很多重要的国际名流。这些知名人士被吸引而至，都是因为这位法国人的声誉和他开创的事业：他非常富有，同时又孤僻、低调、内敛，还全身心地投入于为人类求福祉的努力中。卡恩是个神秘的矛盾体。要揭开他的面纱，我们应该从战争说起。

1870 年，法国战败，输给了普鲁士；边境省份阿尔萨斯和洛林的法籍民众不得不做出一个艰难的选择：他们要么守在乡土家园，变成这片德意志新领地上的臣民，要么就是背井离乡，举家迁徙，继续当法国人。卡恩一家选择了后者。就是在那时，十岁的亚伯拉罕将名字改成了阿尔伯特。这一象征性的举动，明确强调了他生是法国人的立场，而其内在意义还远不止于此。

这次改名如同封印，烙刻在这位来自阿尔萨斯的年幼犹太流亡者与其祖国法兰西之间的纽带上，也间接塑造了他对待自己公众生活的态度。法兰西第二帝国新近落败，但卡恩此前已在帝国的小学教育体系中受益，继承了对社会进步的信念，而这一信念又是植根于 18 世纪的启蒙运动。工程技术与科学的好处已得到长期承认：举例而言，铁路网延伸到了法国的每一个角落，令形形色色的工厂得以在全国各地应运而生。帝国崩溃之后，接替而来的是第三共和国。1789 年大革命的那些理想又回归而来，蔚为风尚；一个世俗大众主导的共和政权，这一概念点燃了法国年轻人心中的火。新的共和国，与 1789 年的那个一样，声称法兰西是不可分裂的，但实际上，因 1870 年的失败，法国已然被分割。尽管法兰

◀▲ 最初用来存放卡恩遗产中早期彩色照片的这些木盒子，已经历时一个世纪，如今仍保存在其布洛涅-比扬谷的故居中。（帕斯卡·贝德克 /Pascal Bedek 摄）

▲ 布洛涅-比扬谷的卡恩宅邸目前的状况。相关部门有计划将此建筑改造成博物馆，向人们展示和讲述卡恩的人生故事。（本尼迪克特 · 德 · 尚吉 /Benedicte de Changy 摄）

西元气得到恢复，将势力扩张至非洲与亚洲，但人们还是没忘记国家东北部那一小片失去的领土，等待着时机到来，好报仇雪耻。共和政权受到法国犹太人族群的拥戴：1791 年，第一共和国给予犹太人以平等的公民权——得到自由解放的犹太人对此感怀于心。关乎其国家归属和种族根源的这些深层“酵素”作用于卡恩的理性与心智，很可能成为他政治人格的基石。他继续毫不迟疑地关注世俗民生，有着强烈赤诚的爱国心，并热忱地坚信，人道与人性，只要在理性的引导之下，根本上来说就必然是好的、向善的。

1910 年，在人格与财富双重意义上达至成熟期的卡恩，启动了他的伟大项目，就是借助影像来为世界留下记忆。他将项目命名为“星球档案”——显然是在指涉 18 世纪那部百科全书（狄德罗主持）的精神内涵。卡恩希望这一项目能系统化，能提供一种方式，以此来保留正被现代世界改变的那些生活形态与样貌。也许，他是回忆起了童年时阿尔萨斯那安宁平和的环境，这与他当年刚刚迁来常住的法国首都的忙乱躁动，形成巨大反差。19 世纪 70 年代期间，按照豪斯曼（Haussmann）公爵提出的城市改造规划，原先的旧巴黎正被扫除一空；而与此同时，在巴黎之外，随着工业化的推行与确立，整个国家也正在发生改变，几乎是面目全非，不复从前。

卡恩的所有个人特质中，在其心中扎根最深的，是对理性的信仰，这也是他出资成立专项奖学金的缘由。他尤其热衷和关注这一点，那就是，那些未来的教师应该受益于这个基金。他认为，如果老师自己的心胸向现实世界敞开了，那么他们就能更好地帮助那些更年轻的后来者去认识宽容这一类的美德。得知受益者所要完成的使命颇简单，竟然只是去考察全球各地的现实状况，这让很多人感到相当惊讶——毕竟，旅行在当年属于非常昂贵奢侈的事。这些年轻人享受到了极为特殊的优待，获得全款资助，可以相当舒适的方式旅行 18 个月，而且旅途线路可自由选择。出资人要求他们制定出一个与线路相关的考察研究项目，除此之外的限制就接近于无。卡恩的进步观念、开阔视野与心怀天下的态度还进一步体现在这些方面：女性也在其旅行基金赞助对象的范围内；同样，过去年代的战争恩怨也被搁置一旁，只有当时新近产生的冲突或敌意才会让某些国家的年轻人无法从此项目中受益。

第一次世界大战是理解卡恩其人的又一个关键节点。这是人类第一次将科学及工业技术的成就与威力充分利用，服务于战争冲突，对西方世界的知性与理性演变进程具有决定性的影响。这标志着启蒙运动的终结，也是现代主义的开始。1914 年之前，欧洲人，尤其是法国人，都

▲ 在卡恩位于巴黎附近的庄园中，有几个不同国别主题的花园，其中的日本花园最为著名。（帕斯卡·贝德克摄）

坚信理性是人类进步的一个必备要素。他们声言，在一个受到科学启蒙的社会中，人类只会朝着一个更美好的世界前行。但是这场战争表明，科学也会被滥用，最终导致可怕的灾难性后果。理性永远无法统领世界，而人类对进步有抵触抗拒心态，因为人类让科学转向歧途，去制造工业化的屠杀机器——大规模的屠杀有如噩梦、效率惊人。18 世纪以来主导西方的那种无可置疑的乐观主义退潮了，取而代之的是程度差不多同样深重的悲观主义，还有对西方文明根本性原初基石的质疑。

不过，卡恩继续坚守其通过理性去寻求和平的努力。他依旧相信，只要人们能认知和理解来自不同文化的其他人，他们的心门最终就会打开，全球范围内的和平便可实现。1914 年之后，他是仍然保持这种信念的极少数人之一。就这一点而言，他是一个典型的 19 世纪人，甚或是 18 世纪人，而绝不是 20 世纪人。

卡恩生命中的一个侧面可能看来令人惊讶，那就是他那务实的世俗主义。他毕竟是犹太血

▲ 布洛涅-比扬谷卡恩宅邸附带的花园，每年到访的游客达八万多人。（罗南·吉尼 /Ronan Guinee 摄）

统，而 1894 年，法国的犹太人群体已经强化了自己的队伍和阵营。那一年，法国陆军犹太裔上尉阿尔弗雷德·德雷福斯受到莫须有的指控，被判犯有间谍罪——向德国提供情报。这极大地打击了犹太族群。德雷福斯的支持者与批判者之间随后发生了激烈辩论，各自表达出关于法国社会的观念，针锋相对、不可调和，而这又进一步深化了犹太人的不安情绪。反犹太的种种论调被公开宣扬，广泛传播。然而，尽管是具有一定公众知名度的人物，卡恩却与这些事件保持距离，而光顾他家的访客实际上也包括来自舆论阵营中对立双方的成员。当然，卡恩也未曾否认他的种族背景——几十年间，他与继续生活在阿尔萨斯的家人和亲朋都保持联系，这就是证明。在生命的后半程，他也开始思考一些形而上的问题，有时候也试图在其祖先的宗教信仰中寻求答案。不过，这显然谈不上是他所着力处置的议题。他的眼界是如此广阔，他推行自己信念、说服他人

所需付出的努力可谓是无止境的，因此，那些他可能视为区域性局部争议与暂时性轻微危机的事项，他都不屑卷入。卡恩在为他自己的大事业而奋斗。

在 1920 年的一篇文章中，极右翼的政治活动家莱昂·都德（Léon Daudet）炮轰“犹太佬银行家‘亚伯拉罕’·卡恩”。这一充满恶毒敌意的攻击实际上让外界更显著地看到了卡恩身上的矛盾特质。当时，反犹太的言论甚嚣尘上，责骂“犹太人国际”（系统化的流言，诬蔑世界各地的犹太人有强烈的种族优越感，暗中勾结，阴谋推翻其居住国政权。——译注）心怀不轨，对法兰西的民族身份和国家繁荣造成威胁。但卡恩的爱国主义从来都毫无疑问，即便是在右翼的诡辩家那里，也不容置辩。事实上，在“一战”开始之际，他曾建立起一个组织，为法国流亡者与战祸的平民受害者提供帮助。他务实的世俗主义态度是如此不可动摇，他的慈善之举是如此真诚，所以他的个人影响力渗透到了整个法国社会当中。所有的权势阶层，所有的党派——最极端的除外（极“左”的布尔什维克与极右的反共和派），所有的宗教机构，他都有途径去接触。卡恩的影响力甚至远远超出了法国的边界——他的人际网络实际上遍布全球。

停战协定达成之后，卡恩对联合国的前身——国际联盟，给予了支持，而该组织的目标就是在全世界推进和平。卡恩的友人之一，哲学家亨利·柏格森，在联盟中扮演了积极活跃的角色，也借机对卡恩创建的团体之一——“环球协会”，表达了赞誉，称赏其启迪激发了联合国的精神宗旨。不过，卡恩本人从未深度介入国际联盟的事务；对他而言，其余的事情都不重要，唯一让他尽心关注的，是他自己的工作项目。

这里，我们可以看到卡恩人格与世界观中全部的矛盾悖论。他是一个典型的 19 世纪法国人，体现着启蒙运动与法国大革命的理想，但同时也是一个世界公民，赞同和倡导对全球所有民族的一致尊重和普遍包容。这是一个犹太人，但是他如此务实入世，以至于其天然仇敌中连那些最为歇斯底里的反对者都几乎忘了他的原初信仰；这是一个公众人物，如此彻底地同化和融入了其时代的社交脉络，以至于在国际社会的全部范围和阶层中都有朋友与相识的熟人，然而他依旧是个孤独者，坚守着一份自愿承担的和平主义使命。

1929 年的华尔街股市崩盘，对卡恩这位银行家而言是灾难性的冲击。如此剧烈惨重的危机前所未见，但卡恩还是选择根据 19 世纪以及 20 世纪初的金融崩溃前例来理解和判断这次的灾难。很多其他的金融家也犯了同样的错误。卡恩尝试克服和摆脱他的重重困境，他孤注一掷，继续给自己的档案项目出资，这些挣扎努力最终导致他的银行无以为继。

▲ 卡恩博物馆中的作品展厅，陈列着档案库中选出的一组照片。这里也定期举办专题展览。（本尼迪克特·德·尚吉与帕斯卡·贝德克摄）

卡恩破产之后，当地政府收购了他在布洛涅—比扬谷的房产，但允许他在庄园中自由居住。1940 年 11 月，就在德军进占巴黎几个月之后，他在家中离世。人们或许会认为，卡恩弥留之际不会快乐，因为他是个确信无疑的和平主义者，但却经历了三次战争：童年期间 1870 年法国的悲剧性败仗、进入人生成熟期后 1914—1918 年间那场达到残酷顶峰的无人道大战，还有一场及至他死亡时便已恐怖骇人的战事。然而，他生命终结时段的一些记述文献却暗示，他从未对自己的理念失去信心。虽然他在经济上已落魄，自己所居住的国家又被敌人占领，但直到最后的一丝呼吸停止，卡恩对人类及人道的未来所抱有的乐观主义立场却一以贯之、岿然不动。

早在 1937 年，布洛涅—比扬谷庄园的花园就已向公众开放，并有一个小小的人员团队受雇将那些照片藏品分批陈列展出。“二战”期间及战后，卡恩的宅邸与附带地产都由塞纳省的当地政府部门管理。

1964年，巴黎地区的管理机构进行了重组。四年之后，新成立的上塞纳省接管了其地域范围内原先属于老塞纳省行政当局的所有房产。为了纪念卡恩，新省的主管部门还做出进一步的举动，修建了一座博物馆。现在，每年有成千上万的访客来到这里，参观“星球档案”中那些无价的珍贵影像，也徜徉走过卡恩居所旁那优雅精致的园林。如今的阿尔伯特·卡恩博物馆，包括这位银行家的宅邸，他那具有历史意义的60亩花园，650平方米的展厅空间，若干的外围建筑，当然还有那些影片和照片藏品。上塞纳省地方当局雇用了约60人的专业团队——他们可谓世界往日记忆中这一部分记录的继承人，确保卡恩的遗产能继续流传下去。

这里还有最后一个悖论：卡恩时代的那些老旧影像，在当年却是以可资利用的、最为现代的工具和手段获取，而现在又是在最尖端科技的支持下得以保存和展出，其中包括照片数码处理技术、电视、光盘、互联网，以及与数码科技相结合的高品质四色印刷工艺。这一印刷工艺的物证便是这本书，《阿尔伯特·卡恩的理想国》。

卡恩，本质上而言，是属于19世纪的人物，而他的作品眼下却已受益于21世纪的传播模式。但更为传统一些的流通形式，比如这本书，也并未被忽略，而是在世界各地都可获取。这笔遗产如今属于每一个人，这正符合了卡恩的原初心愿，也对应了他旨在推动和平的那些影像的全球化视域。卡恩无比包容的灵魂传达出终极的快慰与安宁，而书中的这些图片则是他幸福满足的实证；祈愿这份“星球档案”能流传久远，广泛散布，让所有被这笔遗产召唤吸引的人士都能一睹为快。

▲ 阿尔伯特·卡恩博物馆，于1990年落成并开放，确保卡恩的遗产得到妥善保存，并让未来的一代代人有机会参观欣赏。（帕斯卡·贝德克摄）

阿尔伯特-卡恩博物馆是以卡恩位于布洛涅-比扬谷港口街（rue du Port）14号的旧居为基础经改造而成。这一巴黎西部郊区的交通动脉为地铁10号线。博物馆与花园每天开放，5月至9月末的开放时间为上午11:00到晚上19:00，其余月份的开放时间则为上午11:00到晚18:00。如需查询与馆内展览以及交通线路相关的联系方式和其他详情，上塞纳省官网页面有英文版信息提供（网址为：www.tourisme-hautsdeseine.com）。

国别索引

（以下的数字表示在不同国家所拍的照片出现在本书的哪些页面）

技术备注

本书中复制的档案库照片拍摄于1908—1931年间，拍摄时具体的实际条件各不相同、千差万别。为了忠实再现原始材料，对这些图像的后期数码处理遵循了最少化的原则。原有的破损与污渍都未作修复或移除。

书中少量的照片编号后附有“AT”字样，表示该影像从未得到过充分显影。这些影像的扫描件经由数码手段小心仔细地提升画质后，也收入此书。

绝大部分的照片都是按原件完整画面或接近于全帧图像在书中再现。所有经过较大程度裁切的影像都在文字说明中附缀“局部细节”以作区分。

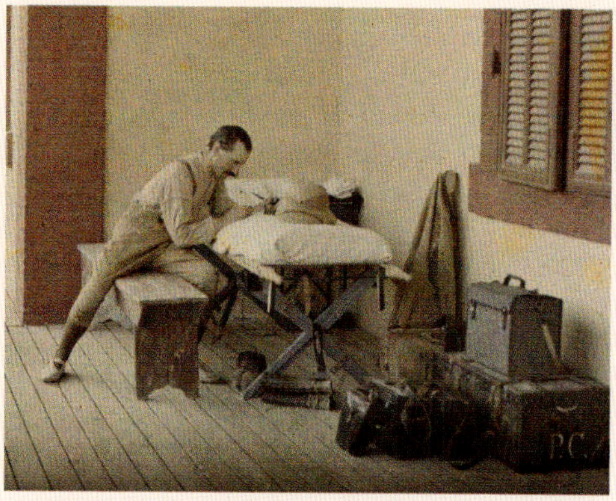

▲1918年，勇敢无畏的摄影师保尔·卡斯特劳在埃及。
编号 A15907

增补图片信息说明

文前第 1 页

越南西贡大剧院的演员，约摄于 1915 年 11 月。编号 A7289（莱昂·布希摄）

文前第 2-3 页

1910 年 8 月 27 日，瑞典达拉纳锡里扬（Siljan）湖上的划船人。编号编号 A410（局部，奥古斯特·莱昂摄）

文前第 4-5 页

上排

左三，1914—1918 年间某日，参加越南东京地区正式乡土典仪的当地尊长或显贵。编号 A10310（莱昂·布希摄）

左四，1913 年 7 月 23 日，库伦，喀尔喀部族的一位公主骑在马上。编号 A3964 （史蒂芬·帕塞特摄）

中排

左二，1913 年 12 月，印度斋浦尔附近安布尔（Amber）一处宫殿中骑上象背的象夫。编号 A4189 （史蒂芬·帕塞特摄）

（本页中其余图片均选自正文插图，其信息此处略过。）

下排

左一，1918 年 7 月 6 日，法国阿尔萨斯的马希沃克斯（Massevaux），海伦娜与德尼丝·劳斯两位小姐。编号 A14355（乔治·谢瓦利埃摄）

第 348-349 页

一辆车，很可能是加德默尔所雇用，出现在大马士革西北几公里外的瓦迪埃尔柯恩（Wadi el Korn）。编号 A29321（局部，弗雷德里克·加德默尔摄）

硬质内封封面（从左至右，从上到下）

法伊兹·贝·埃尔-希姆（Faiez Bey el-Sym），费萨尔亲王的一位支持者；1918 年 3 月 2 日于约旦古维尔（Ghuwayr）。编号 A15506 （据估由保尔·卡斯特劳摄摄）

1912 年越南河内的一位药师。编号 A9912（莱昂·布希摄）

1921 年 10 月 7 日，叙利亚阿勒颇，法国人创办的工业学校中的制鞋学徒。编号 A29271（弗雷德里克·加德默尔摄）

1926 年 10 月 2 日，布洛涅-比扬谷，卡恩的友人大卫·莱维-卡恩（David Levy-Kahn）。编号 A50107（乔治·谢瓦利埃摄）

约 1909 年 8 月，巴西里约热内卢。编号 A69809（可能出自奥古斯特·莱昂摄）

1914 年 1 月 17 日，印度孟买的提水人。编号 A4371（史蒂芬·帕塞特摄）

法曼复翼侦察机，约 1916 年摄于法国特伦基埃（Tronquay）。编号 A7241（史蒂芬·帕塞特摄）

1916 年 7 月，法国奥顿（Autun）的两个小女孩。编号 A9415（乔治·谢瓦利埃摄）

1918 年 8 月 15 日，巴勒斯坦雅法的三位“夜女郎”。编号 A15831（保尔·卡斯特劳摄）

硬质内封封底（从左至右，从上到下）

1930 年 1 月，达荷美的国王阿戈罗伊（Agouloye）。编号 A63185 （弗雷德里克·加德默尔摄）

1913 年 5 月 13 日，希腊萨洛尼卡，卖生菜者。编号 A1980 （局部，奥古斯特·莱昂摄）

柬埔寨吴哥的僧侣朝圣者，约 1921 年。编号 A35901（莱昂·布希摄）

1921 年 10 月，黎巴嫩巴尔贝克（Baalbek），酒神巴克斯神庙围廊列柱的遗迹。编号 A30101（弗雷德里克·加德默尔摄）

1913 年 7 月 19 日，蒙古库伦附近，蒙古牧民骑马拉动式样古旧的马车。编号 A3946 （史蒂芬·帕塞特摄）

1920 年 2 月 29 日，法国布列塔尼菲尼斯泰尔省半岛海角彭马赫（Penmarc'h）的奎利先生与尼古拉斯夫人。编号 A20295 （乔治·谢瓦利埃摄）

1913 年 6 月 2 日，爱尔兰阿斯隆（Athlone）捕捞鳗鱼的渔夫。编号 A3677 （玛格丽特·梅斯普里特摄）

法国孔西勒波茨一处观察哨位上的法军炮兵。编号 A5900（史蒂芬·帕塞特摄）

约 1911 年，布洛涅-比扬谷卡恩的花园中，伯内（Bonnet）小姐留影。编号 A265（拍摄者佚名摄）

硬质内封书脊

一位土著首领，约 1909 到 1911 年间摄于阿尔及利亚的陶乌里特阿莫克雷恩（Taourirt Amokrane）。编号 A18（局部，尤尔斯·热尔韦-库特勒蒙摄）

资料来源与深度研究参考书目

本书所参考利用的讯息来自以下出版物与资源：

A11en, Charles, *Plain Tales from the Raj* (New Delhi Rupa and Co., 1993)

Amad, Paula, 'Clncma' s "Sanctuarv" : From Pre-documentarv to Documentary Film in Albert Kaln' s Archives de la P1anète (1908-31)' , *Film History*, 13.2 (2001)

Coe, Brian, *Cameras: From Daguerrotypes to Instant Pictures* (Gothenburg: Nordbok, 1982)

Ferguson, Niall, *The Pity of War* (London: Penguin, 1999)

Ferguson, Niall, *The War of the World:History' s Age of Hatred* (London: Allen Lane, 2006)

Gernsheim, Helmut and Alison, *A Concise History of Photography* (London: Thames & Hudson, 1971)

Glenny, Misha, *The Balkans 1804-1999: Nationalism, War and the Great Powers* (London: Granta Publications, 2000)

Harding, Colin, *Autochromes: The Dawn of Colour Photography* (published at www.nationalmedia museum.org.uk/autochrome/pdfs/Autochromes%20-%20Dawn%200f%20Colour%20-%20essay.pdf)

Jacquicr, Philippe, Pranal, Marion and Abdelouahab, Farid, *Le Maroc de Gabriel Veyre, 1901-36* (Paris: Kubik Editions, 2005)

Keegan, John, *The First World War* (London: Pimlico,1999) de Lècluse, Henri, *Comrades-in-Arms: The World War I Memoir of Captain Henri de Lècluse, Comte de Trévoëdal* (Kent, Ohio: Kent State University Press,1988)

MacMillan, Margaret,*Peacemakers: The Paris Conference of 1919 and Its Attempt to End War* (London:John Murray,2001)

Mak, Geert, *In Europe: Travels through the Twentieth Century* (London: Harvill Secker, 2007)

Mazower, Mark, *Dark Continent: Europe' s Twentieth Century* (London: Penguin Books, 1999)

Movnahan. Brian, *The French Century: An Illustrated History of Modern France* (Paris: Flammarion, 2007)

Musée Albert-Kahn, *Albert Kahn 1860-1940: Réalités d' une Utopic* (Boulogne-Billancourt: Musée Albert Kahn, 1995)

Musée Albert-Kahn, *Jean Brunhes: Autour du monde, regards d' un géographe/regards de la géographie* (Boulogne-Billancourt: Musée Albert-Kahn,1993)

Roberts, Pamela, *A Century of Colour Photography* (London: André Deutsch, 2007)

Roberts, J. M., *Europe 1880-1945* (Harlow: Pearson Education, 2001)

Roberts, J. M., *The Penguin History of the Twentieth Century* (London: Penguin Books, 2000)

Rohdie. Sam, *Promised Lands: Cinema, Geography, Modernism* (London: British Film Institute, 2001)

Sassoon, Donald, *The Culture of the Europeans from 1800 to the Present* (London :HarperCollins, 2006)

Strachan, Hew, *The First World War* (London: Simon & Schuster, 2006)

Tombs., Robert and Isabelle, *That Sweet Enemy: The French and the British form the Sun King to the Present* (London: Wiliam Heinemann, 2006)

Totman, Conrad, *A History of Japan* (Oxford: Blackwell, 2001)

Tran, My-Van, *A Vietnamese Royal Exile in Japan: Prince Cuong De (1882-1951)* (London and New York: Routledge, 2005)

Whitfield, Peter, *Landmarks in Western Science from Prehistory to the Modern Age* (London: British Library, 1999)

Wilson, A. N., *After the Victorians* (London: Hutchinson, 2005)

Wood, John, *The Art of the Autochrome: The Birth of Colour Photography* (Iowa City: University of Iowa Press, 1993)

Winter, Jay, *Dreams of Peace and Freedom in the Twentieth Century* (New Haven and London: Yale University Press, 2006

Zurcher, Erik J., *Turkey: A Modern History* (London: I. B. Tauris, 2001)

鸣　谢

所有的历史都是基于选择性的阅读，而我恐怕眼下的这本书更是如此：这是接触整理一些历史经典文献而得出的成果，而那些材料比大部分的史料甚至都更有局限性。尽管如此，我希望，我所写下的，起码能有一些功能性的作用。书中附缀的文字有三个主要意图：一是为卡恩摄影师们所拍短片和照片中记录的事件提供历史情境注解；二是让读者对摄影师们的旅途经历能有个大略印象；第三是勾画揣摩出影像档案背后卡恩其人的动机。

追求上述目标的过程中，我受到多重不利因素的阻碍，包括相当繁忙沉重的日常工作，还有我那少得可怜的法语词汇量。鉴于此，我对制作团队中所有的成员都尤其感激；在摄制电视系列片《阿尔伯特·卡恩的精彩影像世界》时，他们都给予我极为坚定有力的支持。这些人包括 Sophie Scott、Chiara Messineo、Kemi Majekodunmi，特别是 Jasmine Dick、Krysia Derecki 与 Christina Lowry 三人。我还要特别感谢 Keith Scholey、Basil Comely、Annie Corbett、Matt Ogden、Claire Miller、Cahrlie Gatward，尤其是两位同事，我的助理 Alex Duxbury 与 Sue Davies——后者在这个专题纪录片以及过往年月中的很多其他项目上，都给了我持续的帮助。

我的致谢对象还要延展开去。几位亲爱的朋友与同事慷慨大度地（实则也是“不明智”地——因为自讨苦吃）同意审读我的初稿。Georgina Godwin、Mike Poole、Julian Birkett、David Stewart 与 Sara-Lise Howe 都为稿子贡献出了犀利透彻的评价、极具见地的批评和建设性的修改意见，从而让此书中的文字显得灵巧生动了许多，也免除了诸多的谬误——否则那就不免错漏频发兼有蠢笨之嫌。我也要特别感谢 Mark Mazower、Anthony Clayton、Maria Misra、Giang Nguyen 与 Colin Harding；他们目光敏锐、富于洞见，帮我更进一步滤除了文中的语病以及粗心的错误。由于他们的介入和建议，此书的文字部分才得以大为改善——当然了，可能仍然存在的任何失误与不足，都是我本人义不容辞的责任。

如今，作者以最为恭维、夸大其词的陈述来对出版人表示感谢，仿佛都成了强制性惯例，但我必须说，面对如此紧迫、远超合理限度的出版日程，BBC 图书部的 Christopher Tinker 先生，他的敬业奉献、耐心、组织能力和创造力，都可谓是超一流的。

倘若 BBC4 的主管人 Janice Hadlow，还有广播公司的艺术节目专员 Adam Kemp，未曾意识到卡恩人生故事的潜在价值，那么，《阿尔伯特·卡恩的精彩影像世界》就不会出现。此外，我还感谢 BBC2 的主管人 Roly Keating，他批准将这一系列片适度整理改编，在 BBC2 播出。

最重要的，如果没有阿尔伯特·卡恩博物馆

馆长吉勒斯·博-贝蒂埃博士的鼎力相助，这本书以及促发此书诞生的电视系列片都不会面世。在吉勒斯先生智慧而充满启迪性感召力的领导下，在其精明能干的同人——除了其他人，特别要提到 Frédérique Le Bris、Ronan Guinée、Nathalie Clet-Bonnet、Jocelyne Leilercq-Weiss、Vladimir Pronier 与 Serge Fouchard——的合作支持下，卡恩博物馆已经在上塞纳省的文化机构中建立起卓越的地位，并成为受到广泛认可的一个文献宝库，而这里的藏品也被视为法国最重要的文化遗存之一。

最后，因为她们始终如一的耐心、理解和支持，我必须感谢我亲爱的母亲 Josie——她慷慨大方的品质和对人道事业的毕生投入，与书中这位作用强大、地位重要的银行家心中根本的社会和政治倾向是那样地契合，还有我亲爱的姐妹 Colly、Angie 与 Jacqui：因为投身和沉浸于这个项目，我变得比平常更为沉默，难得跟她们交流，希望她们谅解。最后，我愿将这个作品献给我的母亲，并以此怀念早夭的侄儿 Linton，以及家兄 Stephen——此书写作期间，他不幸辞世。

图书在版编目(CIP)数据

阿尔伯特·卡恩的理想国：黑白时代的彩色世界史 /(英) 大卫·奥库夫纳著；杨凌峰译. — 北京：金城出版社, 2020.5

ISBN 978-7-5155-1618-9

Ⅰ.①阿… Ⅱ.①大… ②杨… Ⅲ.①世界史－近代史－摄影集②世界史－现代史－摄影集 Ⅳ.①K14-64②K15-64

中国版本图书馆CIP数据核字(2017)第305749号

THE WONDERFUL WORLD OF ALBERT KAHN

by David Okuefuna

Main text and captions by David Okuefuna

This edition first published by BBC Books, an imprint of Ebury Publishing

阿尔伯特·卡恩的理想国：黑白时代的彩色世界史

作　　者	[英] 大卫·奥库夫纳
译　　者	杨凌峰
责任编辑	李轶武
责任校对	岳　伟
责任印制	李仕杰
开　　本	787毫米 × 1092毫米　1/16
印　　张	22.25
字　　数	300千字
版　　次	2020年5月第1版
印　　次	2020年5月第1次
印　　刷	北京利丰雅高长城印刷有限公司
书　　号	ISBN 978-7-5155-1618-9
定　　价	168.00元

出版发行	**金城出版社** 北京市朝阳区利泽东二路3号　　邮政编码　100102
发 行 部	(010)84254364
编 辑 部	(010)64391966
总 编 室	(010)64228516
网　　址	http://www.jccb.com.cn
电子邮箱	jinchengchuban@163.com
法律顾问	北京市安理律师事务所　（电话）18911105819